LA DEMOCRACIA, UN FALLO MATEMATICO
Alberto Arteta Albert

3

Agradecimientos

Gracias,

A Carrie por su amor y apoyo incondicional

A mi madre por su amor infinito

A mi hermano por su lección de honor e integridad

A mi padre por su disciplina y pragmatismo.

A mi familia política que con su amor me han hecho sentir que el concepto familia no entiende de límites.

INTRODUCCION

En esta obra se expone un análisis fundamentado en obras escritas por expertos politólogos sobre el principal problema que existe en el sistema democrático. Un régimen democrático que se ha entendido y aceptado como la forma de gobierno más justa y que en la actualidad admite poca discusión. La clase política, sobre todo los partidos mayoritarios se escudan en el concepto "democracia" para su propia perpetuación sabiendo que mientras este sistema democrático exista, ellos gobernaran un país, o en el peor de los casos serán la primera fuerza de la oposición con todas las ventajas que cualquiera de los dos escenarios conlleva.

Este libro se basa en otras obras de prestigio publicadas en el ámbito social y político, ira analizando y contribuye desvelando lo que parece el problema real y la causa que subyace en mayoría de los problemas sociales que muchos países sufren. Se analiza la situación democrática en el mundo y en particular la democracia en países como EEUU, Francia, España, UK, Italia y algunos otros. Se han seleccionado los países primariamente de cultura occidental que son los que más peso tienen en las políticas sociales y económicas mundiales.

Una vez analizado, detectado y demostrado con métodos estadísticos el mayor problema al que se enfrenta el sistema democrático actual, la investigación se centra en buscar la raíz del problema. Este es uno de los puntos más difíciles y es el que requiere más análisis ya que se comprueba que se desvía continuamente el foco del verdadero origen, con lo que todo intento por mejorar el sistema será en vano si no se ataja la raíz. Que el sistema democrático actual tiene fallos y puntos de mejora es algo que está más que detectado por la sociedad, pero no existe un consenso para mejorarla. Las numerosas obras expuestas aquí reportan problemas de corrupción, poca transparencia, monopolio informativo, bipartidismo, etc. en prácticamente todos los gobiernos actuales. Los movimientos ciudadanos, manifestaciones en contra de los abusos políticos son una realidad social.

La contribución de esta obra es detectar la causa y ofrecer la solución. Éstas son lo verdaderamente innovador. Es el factor diferencial entre una obra que analiza la política actual y una obra que hace una propuesta de mejora simple y efectiva.
Por tanto, este libro además de analizar los problemas reales de la llamada democracia ofrece una propuesta de un nuevo modelo político que justifica y demuestra de una manera entendible con el objetivo de enfatizar en la idea de que otro sistema más justo, más equilibrado y con más igualdad es mas que posible. Encontrando la raíz del problema y demostrándola, el camino a seguir es claro.

Durante el proceso de búsqueda del problema nos encontramos con el voto. El concepto más importante desde el punto de vista político en el sistema democrático. Se dedica un capítulo al valor del voto en democracia: Qué significa y cuáles son las implicaciones. Se realizara una reflexión sobre el concepto de voto y se le otorgara su valor de cambio de la manera más objetiva posible. Se aporta una nueva definición de voto y se le asigna un nuevo valor, el valor con el que inicialmente tuvo la intención de ser creado. Una arma de elección al gobierno más justo.

El plan fijado podrá adecuarse, cambiarse, moldearse para obtener una democracia óptima abierta a cambios, pero definitivamente marcará la dirección en una sociedad sin rumbo político definido. No se trata de una mejora puntual sino un sistema de elección justo que indudablemente introduce una mejora; una democracia que encaja en la propia definición de gobierno del pueblo.

HISTORIA DEMOCRATICA

Origen

La palabra *democracia* proviene del griego. La palabra se compone de otras dos:"demos" que significa "pueblo" y kratos que encaja en la definición de gobierno. "Gobierno del pueblo".

La mayoría de las teorías apuntan a Atenas como la ciudad que albergó la primera democracia. En los tiempos de hegemonía ateniense, la democracia funcionaba para un número limitado de personas y el derecho a votar se restringía a un número reducido de personas. Se excluían mujeres, esclavos, campesinos y niños.

La democracia ateniense elegía un número de representantes de manera aleatoria y se tomaban algunas decisiones según el deseo de la mayoría. Existía un concilio compuesto por todos los hombres de Atenas que ejercían su voto ya que la base de este sistema estaba en evitar a toda costa la Oligarquía (gobierno de unos pocos) y así las decisiones eran tomadas por el pueblo de ahí el concepto "poder del pueblo". Esta idea de dar el poder al pueblo ha sido considerada y aceptada como el sistema más justo de los existentes hasta nuestros días.

Debemos recordar que Atenas tenía unos 320.000 habitantes lo que hacía relativamente fácil el recuento de votos. De todas maneras, como se ha mencionado anteriormente, el pueblo se consideraba: ciudadanos varones, libres (no esclavos) y adultos, lo que dista bastante del concepto de pueblo actual. Sin embargo, aunque claramente restrictivo, fue un primer paso para dotar de poder a los ciudadanos.

Durante la edad dorada de la Atenas clásica, en el siglo V antes de Cristo en la que fuera la ciudad-estado hegemónica en la Hélade, los atenienses promovían la democracia en el exterior. Ello condujo a la adopción de formas de gobierno democráticas o quasi-democráticas en varias ciudades aliadas o dependientes de Atenas. Sin embargo, el siglo V AC. fue testigo de la división del mundo griego a causa de las Guerras del Peloponeso, en las que Atenas se enfrentó a una liga de ciudades dirigida por Esparta. Una vez que Esparta venció, la democracia fue abolida en prácticamente todas las ciudades griegas que la habían adoptado. Aunque los atenienses restauraron su democracia en menos de un año, había decaído su esplendor y no pudieron promoverla fuera de Atenas. Como consecuencia la democracia comenzó su declive.

Una vez el imperio ateniense se desvaneció, comenzaron a emerger otros imperios. En Roma; el sistema democrático tenía muchos puntos en común con la democracia ateniense, aunque también se incluyeron a las clases pobres, en parte influenciadas por las religión cristiana que estaba cobrando fuerza. Este cambio de inclusión de las masas en la elección democrática supuso un paso más al sistema democrático moderno. La República romana, sin embargo degeneró en tiranía con los años. Aunque en un principio elegía a sus dirigentes y aprobaba leyes mediante asambleas populares, mas tarde el sistema se manipuló para favorecer de nuevo la oligarquía y la democracia se corrompió de nuevo.

En distintas partes de lo que hoy llamamos Europa, se siguieron aplicando algunos principios democráticos durante la edad media, especialmente, en el autogobierno del pueblo a través de las instituciones municipales. Además, a medida que el feudalismo desaparecía, surgía la clase media y rica que participaba en asuntos de estado. El resultado de esto fue el resurgimiento de un espíritu de libertad basado en los antiguos principios griegos y romanos. Los conceptos de igualdad de derechos políticos y sociales se definieron aún más durante el Renacimiento, en el que se vio potenciado el desarrollo del humanismo, y más tarde durante la reforma protestante en la lucha por la libertad religiosa.

A principios del siglo XIX se empezaron a instaurar los sistemas democráticos en muchos países sobre todo a raíz del sufragio universal donde se permitió el voto a cualquier persona adulta sin distinción de raza sexo o religión. Es por estas modificaciones que las democracias existentes distan bastante de las democracias griegas. Las democracias modernas tal y como las conocemos hoy se fueron arraigando en los países desarrollados la segunda mitad del siglo XIX junto con el citado sufragio universal. Estas concesiones al pueblo vinieron como producto de un movimiento en contra de la represión que también consiguió la abolición de la esclavitud, el asentamiento de los derechos humanos y los derechos igualitarios de las mujeres.

Cronología y eventos

Siglo VII AC. La aristocracia y nobleza gobiernan en las la mayoría de las sociedades civilizadas. La nobleza terrateniente pierde poder hacia finales de siglo y los ciudadanos lo ganan. Además van apareciendo nuevas formas de organización política y social.

Siglo VI AC. Se llevan a cabo las reformas de Solón en Atenas, ciudad de las más avanzadas de la época junto con el imperio persa, (año -593). Pisístrato (560-527) gobierna y ejerce la tiranía para después dar lugar a las reformas democráticas de Clístenes.

Siglo V AC Al comienzo de siglo, y durante más o menos 20 años ocurren las guerras médicas, que terminan con la victoria Grecia sobre el imperio persa. A partir de entonces Atenas se convierte en referente. Pericles instaura la democracia en Atenas y es responsable de la época dorada griega. Se afianzan la democracia y la hegemonía política, militar y cultural de Atenas.

En los últimos 3 siglos antes de Cristo empieza a emerger el imperio romano y trae consigo los sistemas de gobierno comentados anteriormente.

Siglo I DC. El Senado romano varía su función con respecto a decisiones militares y de provincias. La degeneración del gobierno llega como hemos comentado a gobernantes tiranos como Calígula 37-41 o Nerón que causó el incendio de Roma.

Siglo II en parte por un sistema de gobierno corrupto y tirano, el esplendor romano inicia el declive y termina su hegemonía.

Siglo III-IV Roma sigue en proceso de degeneración política y social. Se declara Constantinopla como capital del imperio.

Siglo V Los visigodos y vándalos saquean Roma varias veces durante este siglo.

A grandes rasgos, desde el siglo V en adelante hasta mediados del siglo XIX la monarquía, califatos y sistemas autoritarios dictarán los gobiernos de las sociedades y aunque aparecen destellos de sistemas democráticos no será el sistema de gobierno referente mundial.

Democracia en EEUU

La **historia de los Estados Unidos de América** se escribió a raíz de la colonización inglesa de Norteamérica, protagonizada por inmigrantes británicos que fundaron Trece Colonias en la costa este norteamericana, entre las que están Quebec y Luisiana (colonias francesas). A raíz de la Guerra de Independencia , los Estados unidos nacieron como nación y se instauró el modelo democrático moderno.

La Constitución de los EEUU nació en 1788, y fue el primer signo de democracia moderna formalmente impuesta como modelo político en el mundo. Su primer presidente electo fue George Washington quien había liderado el bando americano en la Guerra de independencia. Fue elegido democráticamente en 1789 y reelegido en 1792. John Adams sería el siguiente presidente elegido en 1796 con Thomas Jefferson como vicepresidente. Los primeros años presidenciales funcionaron relativamente bien y de alguna manera se demostró al mundo que ese sistema de gobierno podría ser el sistema más justo posible en la sociedad sobre todo cuando se comparaba con otros modelos políticos en Francia UK, España, o Italia, en cuyos gobiernos se había instaurado la corrupción y la lejanía con la ciudadanía; por ello de alguna manera ese sistema mostró el camino hacia un futuro enteramente democrático.

Entre 1848-1928 fue un periodo especialmente intenso en términos democráticos. En el estado de Wyoming se concedió a las mujeres el derecho al voto en 1869 y en 1928 se establece la completa paridad con el hombre, modernizando la sociedad hacia una más igualitaria. Ya en 1965, con el sufragio universal se alcanzo definitivamente la cumbre en la teórica igualdad de derechos democráticos.

Democracia en España

Tras la muerte del dictador Franco, Juan Carlos I fue proclamado Rey. Todavía no se sabía cómo se iba a perfilar el nuevo rumbo político del país. Lo que se denominó proceso de transición del régimen franquista a un régimen democrático, las nuevas fuerzas políticas. El nuevo régimen democrático implicaba la creación de los partidos políticos donde en teoría cualquier partido compuestos por ciudadanos podía presentarse con un partido político a las elecciones y ser elegido como el partido gobernante del país. En ese escenario político emergieron varias fuerzas

Franquistas

Los Franquistas se dividieron en dos bandos mayoritarios. Blas Piñar representaba la continuidad de Franco en España después de muerto. Sin embargo, otros políticos que formaron parte del régimen veían con buenos ojos una transición política, aun conservando valores de la España Franquista. Como por ejemplo Manuel Fraga, y otros muchos estudiantes que no llegaron a sufrir la guerra civil. Estos últimos se revelarían como la clave de la transición política, el caso de Adolfo Suárez, que sería presidente de España a principios de los 80.

Oposición

Las fuerzas principales fuerzas opositoras constaban de una derecha liberal, donde se pedían más libertades para el pueblo, sobre todo a la hora de participar en decisiones de estado las fuerzas nacionalistas que anhelaban un autogobierno, estas eran:

Convergencia Democrática de Catalunya representada por Jordi Pujol que supuso un azote y un modo revolucionario en la forma de vida de Cataluña.

El Partido Nacionalista Vasco irrumpió con una fuerza tremenda en el mapa político del país. Una gran represión, junto con el bombardeo de Guernica por la Alemania nazi con el beneplácito de Franco, hizo que todos los sentimientos vascos antifranquistas explotaran y se consolidaran en esta fuerza política. El partido, aunque teóricamente era contrario al terrorismo, en la práctica no se enfrentaba con las acciones de una ETA cada vez más activa.

El Partido Comunista de España, dirigido por Santiago Carrillo, representaba la gran mayoría de las heridas dejadas por Franco en la gente y las víctimas de la guerra civil.

En el **PSOE** emergen las figuras de Felipe González y Alfonso Guerra como dirigentes. Otro grupo Socialista liderado por Enrique Tierno Galván era otra fuerza de izquierda que terminó finalmente por fusionarse con el PSOE.

Aun así existían diferencias y puntos de desacuerdo entre el partido comunista y el socialista, lo que hizo dividirse la izquierda en una moderada y una más radical. Una vez desaparecido Franco del mapa político español, Juan Carlos I es nombrado rey de España y nuevo gobernante. Esta etapa estuvo rodeada de incertidumbre ya que no se conocían las intenciones del nuevo gobierno. La sombra de la continuación del Franquismo por parte de Juan Carlos I estaba en el aire. El monarca, sin embargo, diseñó un cambio político que hiciera de España una nación más abierta con el objetivo de integrarse en la dinámica política del mundo desarrollado donde imperaba la democracia como la conocemos hoy. Este proceso de cambio se definió como "reforma". Ese gobierno obtuvo un rechazo social por implementar unas reformas que no calaban entre la sociedad. En enero de 1976 numerosos colectivos iniciaron el proceso de huelga que fue reprimida por las fuerzas del orden llegando incluso a haber muertos en tiroteos durante las propuestas.

Finalmente, en julio de 1976 Arias Navarro es destituido por Juan Carlos I y poco después se nombra a Adolfo Suárez como nuevo presidente. La intención de Suárez fue terminar con la sombra del Franquismo e iniciar el proceso de dialogo con distintos sectores opositores, para dotar de una fuerza más democrática al país. Con estas intenciones presentó el proyecto de Ley para la Reforma Política. La disposición conciliadora de Suárez irritó al sector grueso del Franquismo, que lo tildaron de débil y de regalar España a los nacionalistas. Con este mensaje de alerta, se inicio un plan de acción para provocar un golpe de estado y volver a dar el poder a las fuerzas del estado e implementar un régimen dictatorial en España.

Suárez, viendo el cariz que tomaba la situación nombro vicepresidente del gobierno al teniente general Gutiérrez Mellado lo que hizo que el intento golpista perdiera fuerza al ganar el ejército parte de control gubernamental

Avances de la oposición

Poco a poco, la oposición gano fuerza y voz en el territorio político; se llevo a cabo un referéndum popular sobre la Ley de Reforma Política cuya respuesta fue contundente: La participación en ese referéndum. Más del 75% de la población participó en el referéndum y casi el 95 % de la participación apoyaba la reforma. El resultado fue aplastante y España pedía a gritos el nuevo sistema democrático. La nueva era en España iniciaría un proceso de cambio que desembocaría en un nuevo sistema democrático. Este proceso fue en parte llevado a cabo por personas fieles al régimen franquista, lo que hacía desconfiar a la oposición, que pidió un proceso de ruptura con todos los órganos de poder y el nacimiento del nuevo del sistema democrático. Sin embargo, esto no ocurrió así y el proceso evolucionó siguiendo una reforma   marcada.

El partido comunista fue legalizado en abril de 1977 y los presos políticos lograron la amnistía y por fin se realizaron unas elecciones democráticas.

La *Unión del Centro Democrático (UCD)* fue el vencedor en esas elecciones con cerca del 35% de los votos escrutados. Seguido de cerca estuvo el partido Socialista obrero español (PSOE), liderado por Felipe González quien contribuyo a escribir gran parte de la historia democrática de España. *PCE* con un 11% y la *Alianza Popular* con el 8 siguieron detrás. Esta última era la continuación de un régimen franquista mas suavizado. Manuel Fraga lideró este partido del que él había formado anteriormente como parte del ejecutivo de Franco.

El nuevo gobierno de Suárez se apresuró a hacer frente al principal desafío del momento: elaborar una Constitución que articulara políticamente el nuevo sistema democrático, (fraguado el 6 de diciembre de 1978). La crisis petrolífera, el paro y la inflación supusieron una amenaza a la sociedad y por ellos se establecieron los llamados pactos de la Moncloa por parte de las fuerzas políticas con la intención de paliar las consecuencias de la crisis. A partir de entonces se considero que la sociedad española entró poco a poco en un sistema democrático hasta hoy.

DEMOCRÁCIA HOY EN EL MUNDO

Existen varias obras que tratan posibles sistemas de gobierno. En concreto sobre la democracia. Larry Diamond es investigador sénior en la institución Hoover de la Universidad de Stamford y co-editor de la revista de la democracia; este profesor de ciencias políticas y sociología, publicó su libro *"El espíritu de democracia"* en el que hace un análisis de cómo los países han instaurado progresivamente sistemas democráticos. Según Diamond el modernismo conlleva el establecimiento de una relación entre los países democráticos y el progreso económico y bienestar social. Indica además que para instaurar la democracia, el país tiene que haberse desarrollado económicamente primero. Esto, según él, influye en una mejor educación, lo que hace que la gente quiera decidir sobre su país. Curiosamente también indica que dentro de gobiernos democráticos tiene cabida el abuso de los derechos humanos, discriminación de minorías y falta de respuesta de gobiernos democráticos a las peticiones sociales. A priori tiene sentido pensar que si un país disfruta de un desarrollo económico, tarde o temprano deberá instaurar un sistema democrático para dar voz a la ciudadanía.

Gobierno.

Esta sección sienta las bases en las que debe apoyarse el posible gobierno. ¿Que es el gobierno? ¿Qué es eso que elegimos cada 4 años exactamente? Cualquier diccionario medianamente bueno ofrece una definición similar a esta:

El gobierno son las autoridades que dirigen, controlan y administran las instituciones del Estado, el cual consiste en la conducción política general o ejercicio del poder del Estado.

A grandes rasgos, el gobierno es aquella estructura que ejerce las diversas actividades estatales, denominadas comúnmente poderes del Estado (funciones del Estado). Ahora, si buscamos la definición de poderes de estado, cualquier buen diccionario nos puede decir algo como lo siguiente:

Poderes de estado *es una ordenación y distribución de las funciones del Estado, en la cual la titularidad de cada una de las funciones es confiada a un órgano u organismo público distinto. Junto a la consagración constitucional de los derechos fundamentales, es uno de los principios que caracterizan el Estado de Derecho moderno.*

Estas funciones se reducen a la actividad política. Y aquí es donde entramos en el terreno de las ciencias políticas. Siguiendo, veamos una definición de ciencia política en cualquier enciclopedia respetable:

*"La **política**, es la actividad humana que tiene como objetivo gobernar o dirigir la acción del Estado en beneficio de la sociedad. Es el proceso orientado ideológicamente hacia la toma de decisiones para la consecución de los objetivos de un grupo. La ciencia política es una ciencia social que estudia dicha conducta de una forma académica utilizando técnicas de análisis político; los profesionales en esta ciencia adquieren el título de politólogos, mientras quienes desempeñan actividades profesionales a cargo del Estado o se presentan a elecciones se denominan políticos."*

Siguiendo estas definiciones se observa que al final se confluye a la toma de decisiones políticas. Y este es uno de los puntos más importantes y la clave de este libro: Un gobierno que tiene que tomar decisiones por el bien de la ciudadanía. De estas definiciones se extrae que la principal tarea del gobierno es tomar decisiones y tomarlas correctamente para beneficiar o en su caso perjudicar lo menos posible a la nación que gobiernan.

Aquí se han recopilado información de autores que han analizado los comportamientos de los gobiernos. Desde ex presidentes de gobiernos poderosos a politólogos, analistas, profesores de ciencias políticas etc. Lógicamente los ex presidentes no dirán todo lo que saben del gobierno en sus libros, pero con la información que suministran se pueden sacar algunas conclusiones para el análisis que se muestra aquí. Algunos de los autores aquí referenciados analizan también la capacidad de influencia y control de los gobiernos en la masa social. Con toda la información extraída, la intención de esta obra es exponer los contenidos necesarios en la solución propuesta para que se ofrezcan garantías en la elección de gobiernos profesionales.

Sobre la capacidad de toma de decisiones políticas por ejemplo podemos ver en *"Policy Paradox: The art of political decision making" Deborah Stone, 1988* que no se pueden dejar de analizar la toma de decisiones políticas." Con un exquisito modelo de comprensión, el mundo político crece a partir de diferentes ideas y definiciones.

En esa obra, el autor indica que la toma de decisiones por parte de los gobiernos es de naturaleza subjetiva e indica que la toma de decisiones políticas en la actualidad son las manifestaciones de valores y evaluaciones personales que son tomadas generalmente sin apenas rigor científico racional.

Para este autor existen dos modelos políticos en la toma decisiones. Un primer modelo racional y un modelo sobre ciudadanía. El modelo racional es definido por Stone como un procedimiento estático de hacer política en donde funciona de manera estructurada:

1.) Identificar objetivos

2.) Identificar cursos alternativos de acción para lograr los objetivos

3.) Predecir las consecuencias de cada alternativa.

4.) Minimizar las posibles consecuencias de cada alternativa.

5.) Elegir la alternativa que maximiza el logro de los objetivos

Este modelo es bastante simple y se basa en un modelo económico. El modelo ciudadano, sin embargo, es dinámico en el que no aparece ninguna progresión ni estructura. Para diferenciar los modelos de una manera más clara, el modelo ciudadano se basa en: *"Un grupo, organización o comunidad que tiene interés público, influencia persuasiva, en general se basa en leyes pasionales."* (Stone, p. 33). Stone, en cada modelo indica que existen 5 objetivos diferentes que controlan el proceso político: Igualdad, eficiencia, seguridad y libertad. Se les llama objetivos porque no se puede encontrar una palabra que mejor los describa. Además Stone propone una tabla donde incluye unas definiciones para los objetivos políticos.

Tabla Definición de los objetivos

Equidad	Tratamiento igualitario
Eficiencia	Obtener el máximo resultado
Seguridad	Satisfacer las necesidades humanas básicas
Libertad	Habilidad para actuar sin dañar a nadie.

Contrario al modelo racional, sobre el modelo ciudadano sugiere que los objetivos políticos son imprecisos y conflictivos. Así la identificación de problemas en el modelo subjetivo, es contrario al modelo racional. Stone asevera además que el proceso político es una práctica enteramente subjetiva. Cualquier conflicto invariablemente coincidirá con otro; por tanto Concluye que no hay un proceso común en el procesos de decisión política. Objetivos, problemas definiciones y soluciones políticas están sujetas a múltiples interpretaciones y estrategias. Como última conclusión establece que el proceso político no desemboca en soluciones correctas.

A parte de estar de acuerdo o no con las interpretaciones de Stone, se puede establecer que el grado de complejidad de las decisiones políticas es bastante alto. La resolución de conflictos y la toma de decisiones, siendo siempre subjetividades de los individuos que toman las decisiones, necesitan, según el autor, acercarse al modelo racional donde el impacto de las decisiones este optimizado. Lógicamente, y eso es lo que está fuera de toda duda, es que este tipo de decisiones debe de ser tomado por el gobierno más preparado y justo posible.

Otro autor, Steven Michael Lukes es profesor de ciencias políticas y sociología en la Universidad de Nueva York. Fue anteriormente profesor en la universidad de Siena en el instituto europeo y en la escuela de economía de Londres. Realizó un trabajo con el que consiguió mucho prestigio. "Las tres caras del poder".

En esta obra Lukes indica que el gobierno controla a la sociedad de tres maneras:
A través del poder de la toma de decisiones, el poder de no tomar decisiones y el poder

ideológico. Para Lukes, el poder de tomar decisiones es la cara más pública de los 3 y se corresponde con la idea de cómo los gobiernos casi siempre quieren ser vistos. (De alguna manera justifican su existencia de esa manera). Esto encaja con la idea de gobierno que los libros escritos por dirigentes políticos escriben cuando definen el gobierno del que forman o han formado parte. Básicamente se ilustran como últimos responsables en la toma de decisiones. Casi siempre como resultado de opiniones consensuadas de expertos y tras una deliberación sobre las circunstancias a la toma de decisiones.

Otra manera de controlar a la sociedad, y curiosamente ésta interesa a los gobiernos de que permanezca oculta es a través de la difusión de información. Controlando, los temas en los debates públicos y no sacando a la luz temas no políticamente correctos que pudieran dañar la imagen del gobierno; es decir, negando que tomen decisiones sobre la manipulación social, aunque evidentemente lo hacen. Este es el poder de no tomar decisiones definido por Lukes. Aquí la información y los medios de comunicación juegan un gran papel.

Lukes considera la última faceta la más importante. El poder ideológico. El uso de este poder según él es capaz de influenciar los deseos y pensamientos de la sociedad, incluso en algunos casos haciendo que la masa desee o quiera lo contrario a su propio beneficio. Como hacer que sus ciudadanos apoyen la guerra o una destrucción social.
Si Lukes está en lo cierto, es más que nunca cuando necesitamos un gobierno vocacional y competente.

David Banisar es un activista por una campaña global de libre expresión, en sus obras reincide en el hecho de que el gobierno maneja la información y mantiene secretos y opacidad contrarios al interés de los ciudadanos que debe defender. Banisar desvela un mundo político secreto donde se explican las decisiones que un gobierno toma. "muchas veces al margen de la ciudadanía y contrario a todos los valores democráticos que el gobierno defiende". Esa es otra de las características que un gobierno óptimo no se puede permitir. En *Decisions Without Democracy*, Banisar incluye varios párrafos que muestran el uso de la información y los intereses que tiene el gobierno de estados unidos. A continuación se muestra uno de ellos:

"los ciudadanos que no barajan toda la información no pueden participar en las decisiones de gobierno; de esta manera el gobierno siempre tiene la opción de tomar decisiones en contra del interés general de la ciudadanía y a favor del interés personal"

Si no se es transparente en la información existe la tentación de tomar decisiones para el beneficio personal y por tanto caer en la corrupción. Banisar defiende el derecho de un gobierno a declarar cierta información privada, por el propio bien social. Tecnología de armas y desarrollo, negociaciones diplomáticas entre países, métodos y fuentes de inteligencia, planes de contingencia militares, así como también la difusión de datos personales de los ciudadanos conferidos al gobierno. Sin embargo existen situaciones que un gobierno no puede permitir tomar decisiones al margen del conocimiento social. Según Banisar la invasión de Irak, por ejemplo, escondía detalles de interés público, se tomó la decisión justificando la existencia de armas de destrucción masiva, para que finalmente se demostrara como falso. A parte, fotos de soldados muertos, torturas y abusos cometidos fueron archivados como información secreta.

Al hilo de la idea presentada por Banisar, Jon Gant and Nicol Turner-Lee en su obra *Government transparency: Six strategies for more open and participatory government,* proponen ideas para acercar el gobierno a los ciudadanos y así crear un verdadero gobierno democrático. Estos autores aseveran:

"Las estrategias en este artículo es buscar la mejora en la viabilidad de nuestras comunidades a través de una participación democrática mayor y compromiso cívico. Para nuestra democracia, los líderes que gobiernan deben facilitar mejor accesos y uso a la información comunitaria.

Según Banisar, la atención hacia la información pública y las razones detrás de las decisiones pueden mejorar el apoyo de la ciudadanía y reducir el malentendido y la decepción. La predictibilidad del gobierno es, según él, una capacidad que se ve con buenos ojos.

Por otro lado Larry Diamond en su libro *"The Spirit of democracy"* se refiere a la intervención de EEUU en Irak como un autentico "desastre" ya que dejo el país intervenido sumido en un caos, cuando la "intención oficial" de George Bush era acabar con una dictadura y poner en funcionamiento la democracia. También, aparte menciona como el gobierno censuraba a los empleados de la NASA cuando éstos hablaban del calentamiento global.

En referencia a la preparación política, El periódico Arizona republic se hacía eco de la siguiente noticia sobre los legisladores del estado de Arizona:

"Los nuevos legisladores que tomaron la oficina en Enero encararon el problema de cubrir la necesidad inmediata de aprobar el presupuesto de 2009 que fue 1.4 billones de dólares. Para complicar más las cosas, 25 de los 90 legisladores eran nuevos y debían aprender el proceso legislativo. ¿Que si conocen el proceso legislativo? ¡Ni saben donde están los baños!"

Eso dijo Regent Fred Boice. El periódico decía que incluso en los años sin crisis había muy pocos legisladores comprometidos y profesionales.

"Existe mucha gente que conoce mejor la

historia política que los propios legisladores." Se lamentaba el republicano Adam Driggs.

"Cada vez más, la legislatura ha sido dominada por posiciones políticas extremas de derecha e izquierdas. El compromiso se ha convertido en una palabra sucia para los legisladores" Arizona Republic.

Este artículo del periódico muestra un ansia de poder de dos fuerzas (bipartidismo) fruto de un sistema democrático incompleto. Pero claro, si queremos saber cómo se mueven y que hay detrás de las decisiones de los gobernantes necesitamos seguir investigando.

En la obra, "analysis of A *Comparative Study of Political Elites*, por Robert D. Putnam", se lleva a cabo un estudio que muestra la teoría elitista del gobierno. Putnam indica que las élites se definen a través de miembros de un colectivo diferente y selectivo. Esto hace que se mantengan seguros y preserven su status.

Son capaces de mantener sus posiciones, otra vez, a través de la unión y distribución de la información. La solución la encuentra manteniendo el soporte socio económico y limitando el acceso a la élite.

Un punto en común de encuentro en las obras de Putman, Stone y Banisar es el análisis de la dinámica de los gobiernos y como la información es manipulada por estos. Con lo que se concluye la gran importancia que tiene la distribución de esta para los gobiernos. Una información manipulada dificulta en gran medida el acceso de la ciudadanía a los procesos en los que se involucra el gobierno y la toma de sus decisiones.

Una buena fuente de información pueden ser las obras escritas por los propios gobernantes. Por esto, para la realización de un análisis exhaustivo de los procesos a los que se le involucran los gobiernos, contamos en esta subsección. Lógicamente, cabe esperar que esas obras sean escritas con información adulterada por los propios autores para no dañar su imagen de gestión al frente de la nación que gobiernan; sin embargo, es tanta la información que aparece en sus obras que se pueden extraer algunas conclusiones interesantes, como veremos adelante.

Declaraciones de expresidentes.

Esta subsección considera interesante también contar con las declaraciones de los expresidentes centrándose sobre todo en la toma de decisiones del gobierno. La intención es analizarlas y demostrar que es necesario tener una preparación adecuada para tomar a cabo esas decisiones por la gran responsabilidad que involucran.

En el libro, mi vida Bill Clinton. (pg. 406) aparecen diferentes citas donde el explica las decisiones a las que se tuvo que enfrentar como presidente de EEUU. En muchas él comenta que busca el consenso con un equipo de personas profesional y experta quiénes son sus asesores y explica cómo y porque lo hizo. Es lógico pensar que este es un libro dirigido al ciudadano medio, lo que hace que el lenguaje sea legible para todo el mundo y es evidente también que no va a revelar situaciones comprometidas en el ámbito más privado que tuvo su vida política. Pero aun así se pueden extraer muchos conceptos de lo que el presidente más poderoso del mundo decidía y como y `porque lo decidía.

Estas son algunas de sus intervenciones:

"Había trabajado durante años para comprender la forma en que las decisiones de los líderes políticos afectan a la vida de la gente. Creía saber qué había que hacer y cómo".

"En diciembre, me puse manos a la obra en la tarea para la que se elige a un presidente: tomar decisiones"

Esto lógicamente tiene que ser así. Un presidente y su gobierno tienen que tomar decisiones. Que vengan forzadas, provocadas o influenciadas por factores externos como intereses económicos esta fuera de toda duda, pero también es claro que el gobierno decide. De otra manera no lo necesitaríamos. Algo no menos evidente es que la persona que tiene que tomar decisiones de una responsabilidad tan grande, debe de estar preparado para tomarlas. Y por tanto el gobierno debe de estar preparado y las personas que elijen al gobierno tienen que prepararse para elegirlo. Esto es una aseveración de lógica indiscutible.

Clinton continua en su libro, y por su puesto habla de la economía americana:

"El presidente de la Reserva tiene una enorme influencia sobre la economía, principalmente porque fija los tipos de interés a corto plazo, que a su vez afectan a los tipos de interés a largo plazo de los créditos que contraen empresas y particulares, entre ellos las hipotecas".

"Me había comprometido a elaborar un presupuesto que redujera el déficit y aumentara el gasto en áreas vitales para nuestra prosperidad a largo plazo, como la educación y la tecnología"

Esta es una propuesta de reducción del déficit. Ese es un objetivo claro. Como lo vamos a hacer minimizando el daño social. Esa es una tarea clara que tiene que asumir un gobierno competente. Y por tanto es una decisión crucial.

"En mi programa de campaña, "La gente es lo primero", había propuesto más de ciento cuarenta millones de dólares de recortes presupuestarios. Teniendo en cuenta que las

cifras del déficit eran más altas, tendríamos que recortar todavía más los gastos para conseguir nuestro objetivo de reducir el déficit a la mitad en cuatro años. Esto nos llevó a la primera de muchas discusiones sobre qué debíamos recortar exactamente".

Un gobierno, según Clinton, decide. En algunos casos necesitamos recortar. Entonces, ¿Qué recortamos? Tenemos un déficit grande. Quizá por un fallo de gestión o por otras razones. Ahora tenemos que decidir cómo lo reducimos intentando proteger a nuestro pueblo. La magnitud de esta decisión es enorme por la afectación que pueden tener los recortes sobre ciertos colectivos.

"Por ejemplo, se podía ahorrar mucho dinero reduciendo los complementos por el coste de la vida llamados COLA, de la Seguridad Social", pero como observó Hillary casi la mitad de los norteamericanos de más de sesenta años dependían de la Seguridad Social para vivir por encima del

umbral de la pobreza; ese recorte les perjudicaría gravemente."

Hillary Clinton indicó que el recorte dañaría a casi la mitad de las personas americanas mayores de 65. Esto que es un pequeño análisis o un comentario de la mujer del presidente, sorprendentemente fue un comentario de su mujer y no de un grupo de expertos economistas. La cuestión principal es que, si Clinton dice la verdad aquí, un gobierno tiene en sus manos esas decisiones que afectan al pueblo que representan. Aquí es necesario entender cómo afectan, como se ha distribuido ese complemento, como se ha controlado y como se puede recortar sin que haya apenas afectación: Eso tiene que decidirse y para ello se necesita un plan de actuación. Las personas que eligen gobierno tienen que saber cuál sería el plan de actuación en un caso de reducción de déficit de un país. Y en última instancia, nosotros, lógicamente como ciudadanos deberíamos formarnos o estar formados para entender estos planes de actuación.

Sigue así:

"Aún no teníamos por qué llegar a una decisión definitiva, y no podíamos hacerlo sin discutirlo con los líderes del Congreso, pero era obvio que, fuera lo que fuera lo que decidiéramos, no sería fácil."

Lógicamente se espera que las decisiones del gobierno no deban ser fáciles, por ello se entiende que las decisiones difíciles las toman la gente más preparada.

"En la campaña, además de los recortes presupuestarios, también había propuesto recaudar una cantidad similar a través de nuevos ingresos, todos procedentes de personas o empresas adineradas. Ahora, para reducir el déficit a la mitad teníamos que conseguir todavía más ingresos. Y era casi seguro que tendríamos que abandonar la propuesta de rebajar los impuestos a la clase media, aunque yo todavía estaba decidido a reducirlos para las familias que

ganaban treinta mil dólares o menos al año, doblando las desgravaciones fiscales en el impuesto sobre la renta."

Y continúa:

"Sus salarios habían perdido poder adquisitivo durante los últimos veinte años y necesitaban ayuda; más aún, teníamos que conseguir que los trabajos con salarios bajos fueran más atractivos que los subsidios públicos si queríamos tener éxito y que la gente abandonara el subsidio de paro de la asistencia social y se pasara al empleo".

Esta es una decisión crucial. Este objetivo no puede desempeñarse por un grupo de personas que no estén preparadas ni sean competentes. Indica que debían hacer que los trabajos con salarios bajos fueran más atractivos que los subsidios. Ese es a priori un plan de acción vital para conseguir una mejora en la economía sin recurrir a los recortes.

"*Roger Altman y Larry Summers abogaron por un paquete de incentivos que acompañara al plan de reducción del déficit. Recomendaron gastar unos veinte mil millones en inversión y exenciones impositivas para las empresas que, en el mejor de los casos, darían un nuevo impulso a la economía y que, en el peor, evitarían que fuéramos hacia una recesión; estimaban que había un veinte por ciento de posibilidades de esto último. Entonces Gene Sperling presentó sus opciones para las nuevas inversiones;*

"*Defendió la más ambiciosa, de noventa mil millones de dólares, que pretendía cumplir todos mis compromisos electorales de inmediato. Después de las exposiciones, decidí que los halcones del presupuesto tenían razón. Si no rebajábamos el déficit de forma considerable, los tipos de interés seguirían altos e impedirían una recuperación fuerte y sostenida. Al Gore estaba particularmente a favor de esta tesis.*"

Otra posición en la que la decisión del gobierno es vital: Cuanto más tiempo pase para reducir el déficit más tiempo estarán altos los tipos de interés con lo que los prestamos se encarecerían a para las familias. ¿Cuánto debemos invertir, como debemos hacerlo?

"Pero, mientras nos centrábamos en decidir cuál era la reducción de déficit que necesitábamos, me preocupaban los efectos negativos a corto plazo que Laura Tyson y Alan Blinder habían predicho, y que Roger Altman y Gene Sperling temían."

"Evidentemente, definir una política económica, al menos en aquella situación, no era una ciencia, y, si era arte, debía de ser bella a los ojos del mercado de obligaciones."

Otra decisión donde no se puede improvisar. Este tipo de decisiones tenía que ser bella ante el mercado de obligaciones según

Clinton. Moverse en los márgenes que limitan preservar el bienestar económico y social es siempre materia de estudio donde se requieren gobiernos expertos y competentes.

"Una semana después mantuvimos una segunda reunión, en la que descarté la reducción de impuestos a la clase media, me mostré dispuesto a revisar los gastos de la Seguridad Social, Medicare y Medicaid y apoyé la propuesta de Al Gore de crear un impuesto sobre la energía de base muy amplia, llamado BTU, sobre el contenido calorífico de la energía en la venta al por mayor". Todos dijeron que aunque el BTU sería polémico en todos los estados productores de carbón, petróleo y gas natural, se repartiría sobre todos los sectores de la economía, reduciría la carga que deberían soportar los consumidores privados e incentivaría el ahorro de energía, algo que necesitábamos impulsar a toda costa."

De nuevo más decisiones que tomar respecto a varios hechos, en este caso política energética.

"Durante muchas horas más debatimos sobre la cifra de reducción de déficit a la que debíamos aspirar, por lo que nos remontamos hasta cinco años atrás. Gore adoptó una postura firme; según él debíamos ir a por la máxima reducción posible. De ese modo, nuestro valiente paso generaría más apoyo y crearíamos el marco de una nueva realidad, en el que podríamos realizar cosas hasta entonces impensables, como exigir a los que recibían subsidios de la Seguridad Social, por encima de determinado nivel de renta, que pagaran impuestos sobre dichos subsidios. Rivlin estaba de acuerdo con él. Blinder dijo que podría funcionar si la Reserva y el mercado de obligaciones nos creían. Tyson y Altman se mostraban escépticos sobre la posibilidad de evitar una ralentización de la economía a corto plazo."

"El 60 por ciento de los que habían dicho que sus finanzas habían empeorado en 1992, aproximadamente una tercera parte del electorado, habían votado por mí. Stan creía que si aplicaba este plan podía perderlos. George Stephanopoulos, que asistió a todas las En algún momento le pregunté a Bentsen cuánto tendríamos que reducir el déficit para que el mercado de obligaciones nos apoyara."

De nuevo el problema de reducción de déficit sin causar un grave daño social y al mismo tiempo para obtener respaldo de los mercados.

"Dijo que unos ciento cuarenta mil millones en el quinto año, con un total de quinientos mil millones en cinco años. Decidí ir con los quinientos mil millones, pero incluso con nuevos recortes de gastos y aumentos de los ingresos, todavía seguiríamos sin poder cumplir el objetivo de reducir el déficit a la mitad al final de mi primer mandato."

"Todo dependía de la tasa de crecimiento. Debido a la posibilidad de que nuestra estrategia causara una ralentización a corto plazo, buscamos formas de impulsar el crecimiento. Me reuní con ejecutivos de las tres grandes empresas de automoción y con Owen Bieber, presidente de United Auto Workers, que había declarado que mientras los coches japoneses tenían el 30 por ciento del mercado de Estados Unidos, Japón seguía siendo un mercado cerrado a las fábricas de componentes y a los coches norteamericanos. Pedí a Mickey Kantor que buscara una forma de abrir más el mercado japonés."

Al final Clinton decide que la tasa de crecimiento es vital y en este caso opta por intentar abrir una línea de negocio en el mercado japonés para hacer que esta aumente.

"Los representantes de la industria biotecnológica, que crecía con rapidez,

propusieron para las pequeñas empresas, que muchas veces no generaban suficiente dinero para solicitar la desgravación completa según la ley vigente, ampliar las desgravaciones por investigación y desarrollo, extenderlas y hacer que fueran reembolsables."

Finalmente apunta como trata de consensuar decisiones:

"Le dije a mi equipo que analizara esas propuestas y me diera su opinión. Finalmente autoricé el desarrollo de un único paquete de incentivos de veinte mil millones de dólares para aumentar la actividad industrial a corto plazo.
Lamenté tener que abandonar la rebaja de impuestos de la clase media, pero con el empeoramiento de las cifras del déficit, no tenía elección. Si nuestra estrategia funcionaba, la clase media recibiría beneficios directos que irían mucho más allá de una mera reducción de impuestos. Notarían la mejoría a través de la rebaja de

sus hipotecas y de los tipos de interés en los plazos que pagaban por su coche, las tarjetas de crédito o los créditos estudiantiles."

"También anuncié que con el presupuesto que acababa de entrar en vigor habría Suficiente dinero como para reducir en seiscientos mil millones la deuda a lo largo de cuatro años, y que si seguíamos así estaríamos libres de deuda hacia el 2010, liberando casi doce centavos de cada dólar de los contribuyentes para rebajas fiscales o nuevas inversiones.

"Gracias a nuestra responsabilidad fiscal, los tipos de interés a largo plazo estaban, después de todo el crecimiento económico, un 2 por ciento más bajos que cuando tomé posesión del cargo, lo cual reducía el coste de las hipotecas, de los plazos de los coches, de los préstamos empresariales y de los créditos estudiantiles. Los bajos tipos de interés habían puesto más dinero en el

bolsillo de la gente de lo que hubieran conseguido las rebajas fiscales."

En todo este tipo de decisiones el presidente se apoyo en expertos cercanos a él y su partido, y por su puesto de todas estas decisiones se pueden sacar muchas conclusiones. Independientemente de si se actuó correctamente o no, estas declaraciones, nos dan ideas de las situaciones a las que un gobierno se expone. Las citas son sacadas del libro que el propio presidente escribió, y aun esperando que la propia valoración que hace Clinton sobre sus decisiones no sean del todo imparciales, si nos sirve para proveernos de la información que necesitamos para saber a qué situaciones se enfrenta o puede enfrentarse un gobierno.

Aquí, por tanto, necesitamos evaluar la capacidad de los candidatos a gobernar ante este tipo de situaciones y porque el gobierno electo tiene que estar capacitado para esto. La teoría de que el gobierno no hace nada y que solo mandan los mercados no sirve. Si eso fuera así, serían elementos decorativos y por lo tanto prescindibles, lo que indicaría que no necesitaríamos gobierno. Las declaraciones del presidente de EEUU, indican que son ellos, con la influencia de los mercados y otros factores, los que toman la decisión final para mantener un bienestar social.

En el libro "Decisions points" George Bush coincide con Clinton en afirmar que la parte más importante de su trabajo era la toma de decisiones. Estas son algunas declaraciones de George W Bush:

"Consideré la decisión de buscar una resolución de las naciones unidas para mandar inspectores de vuelta a Iraq a buscar armas de destrucción masiva."

"Mis asesores me dijeron: la vuelta de los inspectores dará una falsa sensación de comodidad a Saddam. Esto hizo que tomara mi decisión."

Otro de los episodios que aborda Bush fue la investigación sobre las células madre. Las posibilidades milagrosas de las células embrionarias en relación también con el Alzheimer. Nancy Reagan esposa del que fue presidente en los 80, le pide este favor personal para que incentive la investigación. George W Bush tenía que decidir entre preservar la seguridad de lo que alguno consideraban seres vivos "embriones" y avanzar tecnológicamente para ayudar a las personas enfermas.

"Después de una conversación con León Kass, un honorable y respetado doctor, decidí que el gobierno proveería fondos para la investigación de las células madre de embriones que habían sido destruidos con anterioridad, y no así de los nuevos. De la misma manera, preguntaría al congreso incrementar los fondos federales para fuentes alternativas que no tuvieran tanta controversia como el uso de embriones. Finalmente, establecí una barrera moral. El dinero de los impuestos no se usaría para

financiar experimentos que causan la destrucción de vida aunque se obtengan beneficios médicos."

Sin entrar en detalle si el presidente George W. Bush está mintiendo o no, si es un texto real y justo o demagógico o hipócrita., lo que interesa y aporta a nuestro libro es saber que el presidente, y un gobierno tiene el poder de decidir, de asignar fondos, y de fomentar distintas investigaciones en varias áreas. Es lo que nos ocupa: Determinar que el presidente y su equipo de gobierno sean competentes ya que estas decisiones van a tener que ser llevadas a cabo, y por su responsabilidad no se puede permitir que la tomen personas no capacitadas. En este caso, el hecho de incentivar o no una línea de investigación prometedora, puede resultar en un gran beneficio social (al encontrar la cura a enfermedades hasta hoy incurables) y también un beneficio económico al desarrollar y comercializar patentes para nuevos tratamientos. Esta diferencia la debe empezar a marcar el gobierno.

"Estaba seguro que los americanos tenían un mejor juicio. La mayoría de ellos, entendían la necesidad de profesionales en inteligencia que tuvieran las herramientas de extraer información a terroristas que planeaban ataques a nuestro país. Además los americanos no querían que los detenidos en Guantánamo fueran traídos a estados unidos y disfrutaran de los mismo derechos constitucionales que los otros presos."

Decisión de preservar Guantánamo y torturar a presos para obtener información vital para prevenir ataques terroristas: ¿Se debe hacer o no? También marca la diferencia en la gestión de los derechos humanos y la protección de un país.

Otro de los líderes mundiales, Tony Blair ex presidente de UK, hace un análisis de su vida política y justifica las decisiones que se tomaron durante su mandato. De nuevo, asumiendo que la información suministrada por Blair pueda estar mediatizada y posiblemente adulterada para así poder justificar sus decisiones, nuestro propósito es centrarse en las situaciones a las que se enfrentó su gobierno y la necesidad de estar preparado para tomar las decisiones más justas posibles.

Tony Blair analiza en su libro, "un viaje, mi vida política" decisiones económicas, las decisiones que le llevaron a la guerra en Kosovo, Sierra Leona, Afganistán y la más controvertida, Irak.

"Los sindicatos tenían recuerdos amargos sobre la decisión que tome en relación con el fin de mi apoyo a los horarios de comercios"

Referente a la guerra de los Balcanes:
Se me decía: *"¿Estás loco? La alternativa a intervenir era no hace nada y una victoria de Milosevic."*

¿A qué precio conseguiríamos la paz de la región y a qué precio perderíamos la

credibilidad de la OTAN? ¿Hacíamos la vista gorda a los dictadores?

"Milosevic estaba en la zona y no se iba a retirar pese a las advertencias diplomáticas"
"Uní una fuerza de 150.000 efectivos europeos cuya mitad eran británicos"

Aquí queda claro que el gobierno de Blair tomo la decisión de una intervención militar. La decisión de un gobierno de intervenir militarmente en un país es una decisión que conlleva una grandísima responsabilidad. Solo el gobierno sabe porque decide mandar a sus efectivos militares a un país. Sus efectos pueden ser devastadores para miles de familias, afectadas directamente por el impacto de la guerra, muertes, destrucción, caos y abusos, e indirectamente puede afectar a negativamente a economías de otros países, lo que también afecta a las familias. Con lo que, de nuevo, es una decisión que debe ser tomada por expertos y profesionales con una intención de un bien social y no llevados por la codicia y corrupción.

"Estaba fuera el fin de semana y recibí una llamada urgente al teléfono. Un avión de pasajeros estaba sobrevolando Londres y no había manera de contactar durante cierto tiempo. Tenía al comandante senior esperando autorización para tomar acciones. Durante varios minutos de ansia, tenía que decidir si el avión era una amenaza o no. Tenía que decidir y decidí esperar. Momentos después, pudimos contactar con el avión que había tenido un fallo técnico. Di gracias a Dios por mi decisión"

Respecto la Guerra de Irak.
¿Creen que no me importa, que no siento y que no me arrepiento enormemente de la pérdida de aquellos que murieron en la Guerra?

"Y no solo británicos, sino también americanos, japoneses, holandeses, daneses y estonios, españoles e italianos. E incluso los propios iraquíes."

Aun así Blair justificó su decisión de intervención militar como una decisión correcta.

MAPA POLÍTICO ACTUAL

Situación general.

Las reflexiones y comentarios de expertos y ex jefes de estado revelan que, independientemente obraran correctamente o no, mintieran o no, el papel del gobierno juega un papel importante en el desarrollo de nuestra civilización. Ahora, entendiendo que esto es así y que los gobiernos se enfrentan a situaciones donde tienen que tomar las decisiones que mayor beneficien a su país, vamos a comenzar un análisis de la situación democrática que vivimos actualmente.

Analicemos de nuevo la definición de misión de gobierno que cualquier diccionario decente puede ilustrar.

"La misión del gobierno es crear un sistema de auto-protección social para y con todas las personas que viven en el Estado, que sea seguro a largo plazo, autofinanciable, de muy buena calidad y sin corrupción. Prioritariamente asegurar el futuro de la salud, educación y vivienda."

Esta última parte es muy importante. ¿Podemos considerar que los gobiernos existentes en los últimos años han cumplido su misión en un país como España por ejemplo? La protección social se ha dañado en los diez últimos años, la educación y sanidad se han mermado, y el precio de la vivienda se ha disparado. Si la culpa es 100 % de la crisis económica, como muchos medios indican ¿Para qué está entonces el gobierno? ¿No tendrán algo de culpa, falta de previsión, negligencia o simplemente irresponsabilidad? Al no cumplir con su misión, una misión crucial, por cierto, ¿No se les debería pedir responsabilidades?

El 31 de enero de 2012 Emilio Botín, presidente de uno de los bancos más poderosos del mundo, BCSH dijo claramente que la culpa de la crisis social y económica era de los políticos. Ciertamente todo parece indicar que los gobiernos tienen al menos parte de responsabilidad y que es su deber ser profesional ante situaciones de crisis económicas y sociales.

Ahora bien; parémonos y observemos la situación democrática actual mundial. Por definición un régimen democrático implica que el gobierno de un país es elegido por el pueblo con su voto. Esta idea implica que las personas de una manera libre y voluntaria ejercen su derecho al voto y eligen el partido político que les parece más idóneo para gobernar su estado. Esto definido así nos plantea la posibilidad de que en cada convocatoria electoral, el resultado es que un partido salga elegido por la confianza de los ciudadanos. Si miramos a la realidad vemos que esto sucede de una manera completamente diferente. Existe un bipartidismo político donde, cuando un partido no gobierna, el partido opositor lo hace. Además estos dos partidos cambian los papeles cada 4 u 8 años. Cualquier miembro de este partido sabe que solo es cuestión de tiempo el que gobiernen su país. Solo basta que el partido actual decepcione e irrite a los ciudadanos tanto, que aparezca el voto "castigo". El voto castigo, una manera de protestar contra el gobierno actual votando a la oposición.

Observando más en detalle descubrimos que se repite este ciclo en prácticamente todos los países que tienen instaurados la democracia. Existen 2 fuerzas políticas consolidadas. Generalmente izquierda y derecha, socialistas y populares, republicanos y demócratas, conservadores y liberales. Volvamos al ejemplo de España, Una vez que el sistema democrático se pone en marcha se suceden los siguientes gobiernos. El primer partido político que gobierno España "UCD" y desde entonces, en 1983 aparece el PSOE (Partido socialista obrero español) quien gobierna hasta 1996, momento en cual los ciudadanos hartos de sufrir una corrupción extrema, deciden un cambio al partido opositor conservador PP (Partido Popular). Éste se mantiene en el gobierno hasta 2004 que es cuando los ciudadanos le castigan por la gestión del atentado terrorista en Madrid el 11 de Marzo. Los socialistas (PSOE de nuevo) obtienen el poder y lo pierden en 2012 de nuevo para los populares, castigados por los ciudadanos por una gestión desastrosa de la crisis económica mundial causada en buena parte por gestión de las hipotecas basura de EEUU.

Si estudiamos precisamente la situación política de EEUU podemos ver un paralelismo político en la dinámica de elección de gobiernos. Republicanos y demócratas alternan en el poder dependiendo de cuanto está dispuesto el pueblo a aguantar los errores del partido gobernante. (decisiones contrarias al interés popular como Guerra de Vietnam influencian el voto castigo al gobierno, la guerra de IRAK y la crisis económica por ejemplo le costaron la elección a los republicanos que estuvieron desde 2001 hasta 2009 presidiendo el país con George w Bush, dando el poder de nuevo a los demócratas representados por Barak Obama. Ejemplos como estos, donde decisiones políticas que irritan a la sociedad conllevan un voto al partido contrario se suceden en UK, Holanda, Alemania., Portugal, etc. Por lo tanto mirando los patrones de comportamiento, observamos que la democracia se ha convertido, por definirlo de una manera muy general, en un método de castigo por parte de los electores al gobierno existente cuando este realice acciones que los ciudadanos no consideren justas. Y ese castigo consiste precisamente en elegir como gobierno al principal partido opositor.

Siempre gana uno de los partidos mayoritarios y se le deja de votar hasta que existen consecuencias desastrosas en el país. En ese momento, se culpa al gobierno por ser culpable directo o por permitir que eso ocurra. Atentados, Macro-crisis con destrucción masiva de empleo, corrupción desmesurada y fuera de control. Lo que sugiere que en este sistema, la realidad es que un partido no gana las elecciones sino que las pierde el partido vigente que gobierna y que es castigado por el voto de la sociedad indignada.

Cuando eso ocurre, lo que sucede en general es que la oposición pasa a ser el gobierno y el gobierno a oposición. Las mismas personas juegan los mismos roles de manera intermitente criticando con los mismos argumentos al gobierno cuando son la oposición y recibiendo las mismas críticas cuando son los gobernantes. De nuevo, se podría matizar mucho este tipo de afirmaciones, pero basta observar de una manera general para darse cuenta de que a grandes rasgos sucede algo parecido en prácticamente todos los países democráticos.

Claramente este escenario difiere un poco de la idea donde el pueblo elije al mejor gobierno, al que mas sentido tenga y al más preparado de todos los posibles entre una serie de opciones numerosas y viables. Lo que realmente ocurre es que entre dos opciones se elige una de ellas, en muchos casos, para penalizar a la otra. Esto, aunque de una manera bastante tosca, se aproxima al concepto de proceso democrático existente e implantado en nuestra sociedad.

Sociedad enferma.

Hoy en día se puede constatar el resultado de que existen sociedades enfermas, incluso en las que se supone que pertenecen al mundo desarrollado. Parece, obvio, pensar que si existe corrupción, poca preparación, desinformación y manipulación política, tarde o temprano las directivas terminarán dañando a la masa social para beneficiar a un porcentaje pequeño de ciudadanos y por tanto esto hará "enfermar" a las sociedades. Como ejemplo, se podría citar la situación que se vivió en España y que tuvo muchos puntos en común con la que vivieron Portugal, Italia e Irlanda en los últimos años. Así se puso de manifiesto que España había llegado a una situación de enfermedad grave.

.

Se muestran algunos datos:

• Más del 30% de economía sumergida. (Fallo en el sistema de inspección fiscal)
• Casi 5000000 de parados (Mas del 26% de la población activa). Fallo en las políticas de creación de empleo y previsión de la crisis.
• Gran déficit y deuda de comunidades (Fallo en las auditorías internas en ayuntamientos y gestión autonómica)
• Sueldos desorbitados de políticos de los cargos de los partidos mayoritarios aunque el país esté sufriendo crisis

económicas (Fallos en la gestión de sueldos a cargos públicos)

• Jóvenes cualificados, ingenieros arquitectos en paro y sin perspectiva de futuro. Ellos son el futuro y el motor de crecimiento de un país. Si estos están en paro, evidentemente algo falla.

• No existe posibilidad de acceder a una vivienda digna para crear una familia

Sería posible enumerar más, pero lo que es evidente es que si existe el concepto de enfermedad de un país, este se aproxima bastante a él. Cuando los hechos demuestran con un rigor aplastante la realidad de una sociedad enferma, es necesario preguntarse entonces el porqué. ¿Por qué hemos llegado a esta situación? ¿Qué ha pasado aquí?
Los siguientes puntos pueden dar una idea y aportar pistas de que ha podido influir en la degeneración social de un país.

Misión de los cargos políticos.

La misión final de que tienen en común todos los cargos públicos es claramente **servir** a su pueblo, servir a los ciudadanos de su región para asegurar el bienestar social y construir una sociedad justa. Si miramos a nuestros políticos esa misión parece una parodia ridícula. En el 2008 en España o Islandia por ejemplo se destruyeron más empleos que en toda su historia democrática abocando al pueblo que tiene que ser defendido por estos cargos a una situación ruinosa, pérdida adquisitiva, problemas para llegar a fin de mes y de sobra conocido la dificultad extrema para adquirir una vivienda.

Beneficios y privilegios políticos.

Una parte mayoritaria de la sociedad sufre con un salario mínimo ridículo que no permite pagarse un alquiler y comer. Ahora bien, los que se suponen son sirvientes de estas personas, aprueban unos salarios desorbitados para ellos mismos que vienen de los fondos públicos que pagan la sociedad. La secretaria general del partido conservador de España ganaba en 2011 alrededor de 250.000/ anuales euros sacados de los fondos públicos. Algunos cargos importantes del gobierno se convierten en millonarios una vez deciden empezar su actividad política. Sin embargo, los ciudadanos en aquellas fechas sufrían en muchas partes de la Unión europea y ni tenían viviendas dignas, ni empleo digno ni salario digno.

La presidenta de la comunidad de Madrid Esperanza Aguirre hizo pública su nómina después de recibir presiones y criticas de estar lucrándose al frente de la comunidad de Madrid. Evidentemente, no declaró los beneficios obtenidos de la política por convenios con empresas de sus familiares ni primas, objetivos incentivos.
En su nómina aparecía un sueldo bruto casi 10.000 euros al mes, siendo alrededor de

120000 euros anuales sin contar primas, dietas, pagas extras, y posibles negocios relacionados con su posición. Teniendo en cuenta que el salario medio es de 20.000 euros anuales, esta persona gana como mínimo seis veces más que la media, pudiendo por su puesto acceder a viviendas de calidad, seguridad privada y una excelente educación privada para ella y sus hijos. Si volvemos a centrarnos en que el trabajo de esta señora es de servir a los ciudadanos, el sueldo que debiera obtener obviamente no tendría que ser de esa magnitud pagado por todos los ciudadanos; sino que si quiere ganar esa cantidad tendría que provenir de sus negocios privados de manera lícita sin intervención pública donde la persona se pude permitir ganar esas cifras en base a lo que produce. Conviene preguntarse ¿Qué producen los políticos? Sus sueldos vienen de nuestros impuestos. Por ello ese cargo público no es descabellado pensar que debería cobrar un extra por hacer labores de servir a su pueblo, pero no un sueldo millonario a costa de todas las familias que ya sufren bastante la consecuencia de una crisis.

El Señor José Blanco Ministro del Interior en durante la legislatura 2008-2011, en una entrevista a TVE 1 indicó que él miraba por el interés general y no por el interés particular y por eso potenciaba una mejora del sistema educativo público. El indicó que el sistema público de educación es de alta calidad. Y defendió el derecho a elegir a llevar a los hijos a un colegio público y privado. A la pregunta de si él llevaba a sus hijos a un colegio público indicó que no, que es privado y que defiende el derecho a elegir. Le recordaron sin embargo que hay personas que no pueden elegir y que tienen que llevar sus hijos al sistema público por el coste que un colegio privado supone. Este caso pone de nuevo de manifiesto que nuestro sistema permite la existencia de cargos públicos pagado con un salario público, es decir, de todos los ciudadanos (incluidos aquellos que no pueden elegir llevar a sus hijos al sistema privado), que desempeña una función pública "mirando por el interés general" y que hace uso del sistema privado, ya que su sueldo público, le permite acceder a todos los servicios privados y asegurar su bienestar familiar de la manera que el desee. Ese "sirviente" del pueblo, claramente tiene un nivel alto de vida y pertenece a la clase alta de la sociedad por tener un cargo público que pagamos todos. En particular esta persona, el ministro Blanco, ha sido objeto de críticas por no tener formación universitaria cuando se inició en política. Está claro que encontró un filón en la política. La principal pregunta es: ¿Se puede tener unos ingresos públicos 7 veces mayor que el sueldo medio español y decir que se mira por el interés general?

.

Tampoco sería justo decir que todos los cargos públicos se vuelven millonarios. Todavía existen alcaldes y otros cargos, que son asalariados de empresas privadas y que por el rol de alcalde perciben unos ingresos mínimos en concepto de servicio a su ciudad y sin casos de corrupción conocidos. Sin embargo son muchos los casos donde alcaldes tienen ese rol como único trabajo y sus ingresos son sueldos altos en comparación con la media salarial del país. No solo alcaldes también concejales, ministros, consejeros, secretarios,… Todo esto hace que los cargos públicos sean puestos y objetivo de personas avariciosas que antepongan sus intereses personales al interés general de una sociedad; por tanto si alguien con codicia y corrupto se da cuenta que puede ganar las elecciones, las personas codiciosas y corruptas esperaran y aspiraran a esos puestos porque saben que los pueden conseguir y bloquearan a los honestos para perpetuarse en el poder. Es de esperar entonces, que valores como la honestidad y vocación no tendrán relevancia, siendo más importante la codicia y corrupción. La consecuencia de esto es que estos países no tendrán la oportunidad de tener un gobierno decente.

Siguiendo con la decencia y honestidad política, en un programa de televisión un asistente hizo una pregunta muy sencilla pero hiriente al que era líder del partido conservador español. La pregunta fue. *"Yo gano x eur. ¿Cuánto gana usted?"* La cara del político enrojeció, no sabía que decir. Al final, dijo: *"Yo ganó más que ese x pero menos que y."* La verdad es que estaba avergonzado. Ningún político habla abiertamente de su sueldo porque saben que en un país con un sueldo medio de 1500 eur anuales, decir sus sueldos es un insulto a la ciudadanía y por ende sienten vergüenza. Y más cuando el país está sufriendo dificultades económicas y existen personas que no tiene ingresos con lo que el índice de pobreza sube. Pues bien. Ese sueldo que ganan es pagado con dinero público. (Pagado por los contribuyentes) Por tanto los contribuyentes deben de poder preguntar ¿Cuánto gana usted? todas las veces que quieran. Una persona que monta una empresa privada y que se enriquece lícitamente vendiendo uno o varios productos, tiene derecho a no hablar públicamente de su sueldo si así lo desea, porque su actividad es privada. Pero otra cosa diferente es cuando eres un cargo público.

La pregunta es: ¿Por qué sienten vergüenza? Pues sencillamente porque saben que no cuadra que digan sus ingresos que vienen de todos los ciudadanos, mientras estos cobran 10 veces menos y más aun cuando el país sufre crisis económicas.

El asunto del sueldo de los políticos rara vez sale a debate entre ellos porque lógicamente no les interesa. No les interesa reprocharse sus privilegios económicos porque todos ellos se benefician. Un discurso en el que un político hable abiertamente de su sueldo (público), yo personalmente jamás lo he oído. Un discurso en el que se diga abiertamente algo como: *"Yo gano x. Una pequeña cantidad por mis servicios al país. Mi sueldo real lo gano como cargo en empresa privada. Esto demuestra que no estoy por el dinero en este cargo.* "¿Como alguien que gana 9 o 10 veces más que el sueldo medio de un país puede decir que no está en el cargo por dinero? El sueldo público siempre es un tema taboo para todos los cargos políticos. No hay duda de que si no cobraran de las arcas públicas, (o cobraran poco) lo dirían y repetirían constantemente para probar que no ocupan su cargo por dinero. Si así lo hicieran, demostrarían con sus hechos que realmente su posición es vocacional. Ellos lógicamente dirán que no piensan en su interés particular y que no están en el cargo por el poder y el dinero, aunque si perciben beneficios muy altos, sus palabras lógicamente quedan en cuestión. Desgraciadamente cualquier cargo no habla de sus ingresos ni en los debates, ni en los mítines, ni en campaña electoral, ni en entrevistas, ni en ningún otro sitio, cuando es lógico que debieran hablar de ellos de manera frecuente para demostrar limpieza y transparencia de un cargo que sirve a la ciudadanía y no tiene nada que ocultar.

Formación, preparación y competencia política

Tiene sentido pensar que si una persona no ha tenido una formación (Máster, diploma, licenciatura en económicas) de economía no pudiera ser ministra de economía; sin embargo esa situación se da en España con frecuencia. Tampoco la ministra de sanidad no ha sido farmacéutica ni medico ni ha tenido formación en ciencias. El ministro de defensa, es lógico pensar que debiera ser alguien que conozca las entrañas del ejército, con cierta preparación militar, estratega en decisiones relacionadas con la gestión de la armada, etc. Todos estos cargos necesitan ser ocupados por personas que conozcan su trabajo. No se debería darse el lujo de tener políticos y gobernantes no preparados ocupando puestos de responsabilidad y cobrando salarios altos.

Larry M. Bartels es un científico politólogo y codirector del centro de estudio de instituciones democráticas es trabaja en la universidad de Vanderbilt en el departamento de ciencias sociales. En su obra *"democracia desigual"* Bartels demuestra que los gobiernos electos ignoran la visión de las clases media y pobre de la sociedad, cuando se supone que representan a todos los ciudadanos, y esto es claramente una consecuencia de la poca profesionalidad que demuestran muchos gobiernos.

Podemos poner varios ejemplos de poca preparación de la clase política en un país como España. En 2010 se superaban los 4000000 de parados con un 20% de la población activa en paro. El registro ha ido subiendo en los años 2011 y 2012. En su día era el peor registro la unión europea. El entonces ministro de trabajo español dejo el ministerio alegando, que él no tenía nada que ver ya que el trabajo se había destruido por la crisis mundial y prácticamente eludía cualquier responsabilidad. Una pregunta interesante: Si él no tenía nada que ver en absoluto, ¿Por qué está ocupando el puesto de ministro de trabajo?

Durante la legislatura de 2008 a 2012, existían personas que cambiaban de ministerio como de chaqueta. Es decir una persona como la señora Leire Pajín paso a ser Ministra de sanidad sin tener ninguna formación sanitaria. Su formación era sociología. En algunos otros países al menos los puestos tenían relación con la formación. Elena Salgado, que ocupo cargos en el ministerio de sanidad cambio su cartera para ser como ministra de economía y realizaba conferencias sobre economía a los españoles. Una pregunta que podemos hacernos es ¿Alguien que no tiene formación ni experiencia en materia económica, puede dar conferencias, charlas y responder preguntas sobre la economía de un país? Este tipo de situaciones pone en entredicho que uno de los requisitos de los miembros de un gobierno sea que estén preparados. ¿No necesitan estarlo al menos un poco?

Siguiendo con la poca preparación y profesionalidad mostrada por los políticos existentes. En 2009 el que fuera presidente del gobierno español asistió a un programa de la televisión pública donde contestaría a preguntas de los ciudadanos comunes. Hubo muchas preguntas interesantes y respuestas sorprendentes por parte de este cargo.

Una de ellas:

Somos de los primeros exportadores de armas a Israel, país que esta exterminando palestinos en la franja de Gaza. "¿Sabe cuántos Palestinos en la franja de Gaza pueden haber muertos por el uso de estas armas?"Respuesta del presidente: "Es cierto que exportamos muchas armas a Israel pero tengo el convencimiento de que no se usan para matar palestinos."

La siguiente pregunta y respuesta merece un análisis al hilo del propósito de este libro.

La pregunta vino a ser algo así.

En campaña electoral de 2008 Al decir que no había crisis, usted se equivocó, ya que varios medios de comunicación se hacían eco de una crisis que usted negaba. ¿Va a despedir a sus asesores? ¿Va a tomar responsabilidades por sus errores?

Este señor llamaba antipatriota a todo aquel que decía que se avecinaba una crisis para España con las elecciones generales a la vista. Inyectaba dinero a los contribuyentes. Hizo un regalo de 400 euros a todos los trabajadores. Creaba administraciones públicas que no siempre eran efectivas con fondos públicos. Decisiones erróneas porque luego se vio que si existía una crisis y que España iba a tener muchos problemas de solvencia económica por su endeudamiento. Por ello, tendría que tomar medidas contrarias dos años después: Retraso de la jubilación. Congelación de pensiones, facilitación de despidos, etc. Es obvio que fue un fallo de previsión y que se gestiono el dinero de manera incorrecta. Y así se lo recordaron muchos organismos. Incluso él mismo una vez fuera del gobierno reconoció grandes errores en su gestión al frente del ejecutivo.

El portavoz del PNV Josu Erkoreka, le espetó: *"Usted negó la crisis, dijo que no existía cuando todos la veíamos, dijo que España iba a ir a por el pleno empleo, usted dijo que se crearía empleo de nuevo en 3 meses, luego a principios de año de 2009, luego dijo que había brotes verdes. Oiga es que usted se equivocó en todo. ¿Cómo pretende que la gente le crea después de todos los errores que ha cometido de previsión usted y su gobierno? ¡¡Alguna vez acertará...!!"*

La respuesta de Zapatero fue básicamente: *"Usted en el PNV está irritado porque ha perdido su poder en el país vasco a favor de nuestro candidato que fue elegido lehendakari."* A parte de la poca profesionalidad, poca competencia y poca preparación mostrada por los gobernantes, tampoco parece contemplarse el hecho que ante decisiones erróneas, seguramente por la incompetencia y poca preparación, las responsabilidades deben de ser depuradas. Lo que nos lleva al siguiente punto del mapa político actual. La responsabilidad.

Elusión de responsabilidades.

Volviendo a la respuesta que el presidente dio en el programa de televisión. *"Es cierto, lo admito. Me he equivocado."* También dijo, *"pero se han equivocado muchos organismos económicos cuando trataron de prever la crisis. No solo yo."* Imaginemos que usted en su casa llama a un fontanero a su casa para que vigile el estado de sus tuberías. El fontanero dice que sus tuberías están correctas y que no pasa nada con ellas. Evidentemente le cobra el servicio y se va a su casa. La semana que viene usted tiene en su casa una gotera tremenda que inunda el baño, la cocina y el salón. y se ve que una tubería tenía una junta suelta donde ha perdido agua.

Usted llama al fontanero que pagó por hacer una revisión. Se supone que es profesional y que da garantías y por eso cobra. Y el fontanero en vez de:

- Disculparse
- Admitir su responsabilidad
- Devolverle el dinero
- Reparar la fuga de forma gratuita.

Le dice:" *Oiga, me he equivocado, pero como se equivocan la mayoría de los fontaneros cuando ven este tipo de tuberías*" y se va a su casa sin hacer su trabajo y cobrando por ello. Usted indignado, le diría, por ejemplo que su compromiso es con él y no con los otros fontaneros que no conoce. También le podría decir que se supone que es profesional y que tiene que saber ver cuando una tubería va a dar problemas o no y por eso está ahí etc. etc. Y también lógicamente le pediría responsabilidades y daños y perjuicios.

Todo esto aplica para cualquier profesional. En otro trabajo un fallo de previsión es castigado con el despido o incluso con indemnizaciones y hasta con cárcel.

Un fallo de previsión de un diseñador de automóviles puede hacer que aumente el n° de accidentes. Un bróker que hace una operación en bolsa con pérdidas millonarias, sería despedido y desacreditado automáticamente. Un arquitecto que diseña un edificio y este se cae, tendría que responder a la justicia y tendría que asumir responsabilidades.

Una pregunta que podemos hacernos entonces es: ¿Por qué no un presidente del gobierno y sus asesores económicos no asumen responsabilidades ante sus errores que pueden causar un daño irreparable en las familias que se suponen que representan?

Esta, además de los privilegios económicos posiblemente sea una de las causas que hacen estos cargos tan codiciados. Los errores de gestión apenas se penalizan. Esto teniendo en cuenta que la responsabilidad de un presidente de un gobierno, es inmensamente mayor que la de un fontanero. La construcción fue la gran inversión, y otras áreas a las que se dedicaban empresas de tecnologías innovadoras fueron escasamente financiadas. Otro tipo de inversiones en diferentes áreas podría haber probablemente empujado hacia arriba las exportaciones y haber mitigado algunos de los efectos de la crisis económica en el país. La creación de negocios exitosos, planes para garantizar crecimiento de la economía es parte de las tareas de gestión del gobierno.

Por otro lado especular con recursos como el oro, ordenadores, tecnología, etc. puede ser rentable. Especular con las casas, si bien puede ser rentable conlleva el riesgo de crear un drama social. El gobierno no estableció límites a la especulación en el sector de la construcción. ¿Tiene sentido entonces especular sin límite con los lugares donde viven los ciudadanos? Si no existen estos límites a la especulación los resultados son los que vemos en la actualidad. Los precios inmobiliarios inflados, las personas se les desahucia de sus casas por su gran deuda con el banco... una pareja de clase media ni siquiera tiene la opción decente de comprar una casa para crear una familia. Si el gobierno no establece un límite a la especulación de los lugares donde viven las personas, estas situaciones, tarde o temprano pueden suceder. Tener una casa decente debe ser un derecho humano fundamental y es por eso que la especulación sobre el mercado de la vivienda debe tener un límite. El gobierno tiene que proteger a sus ciudadanos de estos escenarios y aprobar las leyes adecuadas. Ahora bien, en muchos países es demasiado tarde para eso ya que los gobiernos no legislaron para poner límite a la especulación. Y no sólo eso. La forma irresponsable de no crear políticas para proteger a los compradores de viviendas crea un drama social cuando las personas son desempleadas debido a la destrucción de empleo y luego no pueden pagar la hipoteca por más tiempo. En ese caso, estas personas son expulsadas de sus casas y todavía tienen una deuda con el banco debido a la devaluación del precio de la vivienda, al contrario de lo que ocurría cuando los precios de mercado de la vivienda crecían. Entonces no había tal problema. Incluso los bancos aconsejaban a los clientes a comprar casas caras porque en el peor de los casos, es decir, ser despedido y no poder pagar la hipoteca, se podrían vender la casa a un precio mayor, con lo que cancelarían la deuda con el banco y todavía obtendrían algún beneficio de la operación.

Sin embargo, nadie advirtió lo que podría suceder cuando el mercado inmobiliario cambiara su tendencia. Y esto es lo que sucede ahora. Los bancos no quieren sólo las casas para cancelar la deuda porque valen menos que antes. Las tasas de suicidios están aumentando porque la persona que está en el paro no sólo sufre las consecuencias de ser despedido por un largo tiempo, sino también la sensación de que su casa se la quitan, y que todavía mantienen una gran deuda con el banco ya que el precio de la vivienda no cancela la hipoteca cuando se vende. Eso es un drama social. Los gobiernos tuvieron que crear leyes para evitar estas situaciones en el medio-largo plazo, sin embargo, no hicieron nada, probablemente porque sus objetivos están orientados a corto plazo (de ganar las próximas elecciones), y los representantes que tuvieron que crear las leyes hace 7 u 8 años posiblemente ya no estén involucrados en la política y ahora estén disfrutando de sus privilegios.

Por otro lado, el gobierno también podría unificar esfuerzos para enjuiciar a la evasión de impuestos y el dinero negro, que se cuantificó en un 25% del total del PIB español (la tasa más alta de la UE). En 2006 parecía que era el momento adecuado para hacerlo. Eso habría ayudado en la gestión de la crisis que el país comenzó a sufrir dos años más tarde. Todo esto muestra que las decisiones erróneas tienen inmensamente peores consecuencias. Sin embargo, nuestro sistema permite a estas personas lucrarse independientemente de sus errores, no asumir sus responsabilidades y retirarse con todos los beneficios posibles. Hasta el 2008 se hizo una especulación tan grande en España que hizo triplicarse el precio de la vivienda. El gobierno, entidades, asesores económicos, no pusieron tope a esa especulación porque evidentemente reportaba jugosos beneficios y el PIB aumentaba. No se potenció la creación de empresas tecnológicas e innovadoras, lo que probablemente hubiera hecho subir las exportaciones y hubiera ayudado bastante a combatir los efectos de la crisis económica. Simplemente, quedo claro que mientras se obtenían beneficios no se consideraron esas medidas como necesarias.

Esta negligencia en la toma de acciones por parte del gobierno, el dejar que la especulación inmobiliaria siguiera siendo el motor de crecimiento (España construyó en 2005 más viviendas que Alemania, Francia e Italia juntas) derivo en un problema social, cuando efectivamente el precio de la vivienda quedó sobrevalorado y los bancos no ofrecían créditos para acceder a una casa.

Por tanto, un problema de previsión, una gestión deficiente por parte principalmente de gobernantes hizo que un sector de la sociedad tuviera problemas cuando quisieran comprar un hogar. Así pues, la negligencia y la falta de un plan económico viable en Irlanda y España, junto con un mal manejo de crisis llevada a cabo por los gobiernos, hicieron que un sector de la sociedad sufriera. Por poner un ejemplo, la pareja de clase media que quisiera formar una familia (dos o tres hijos, un número promedio); La lógica dice que esta pareja debe ser capaz de pagar un alojamiento digno (2 o 3 dormitorios) promedio. Por desgracia, con un salario promedio de alrededor de 25.000 euros por año, es imposible en muchas regiones de encontrar un préstamo para comprar una casa de 2-3 habitaciones decentes de 2 dos o tres dormitorios. . Entonces esa persona puede decir: *"Yo no puedo disfrutar de una vivienda digna con un salario decente, ¿Por qué? ¿Quién es responsable de esto?*

¿Es posible que el presidente del gobierno, el ministro de economía, e incluso los militantes de la oposición (que fueron en parte responsables de esta situación dantesca), tengan problemas para pagarse una vivienda? Ellos tienen casas, una educación de calidad para sus hijos y un nivel de vida alto o muy alto. Después de permitir que el mercado inmobiliario arrasara, no había una manera de que una pareja con un sueldo medio pueda pagarse una casa. (U obtener un crédito para la misma por parte de los bancos), nadie en el gobierno admite su responsabilidad. Los gobernantes, ministros si tiene casa lujosas o en el peor de los casos casas buenas, decentes en buenos barrios. Sin embargo su gestión o (falta de esta) ha hecho que la sociedad tenga problemas para formar un hogar.

Si la pareja de jóvenes que quiera formar una familia se encuentra en el problema que no puede pagarse una casa decente para albergar a su familia (mínimo de dos o tres dormitorios) el límite de edad para poder formarla se amplía, lo que también limita el número de hijos que las parejas estén dispuestas a tener por el nivel de endeudamiento hipotecario lo que hace que la natalidad en el país descienda y que la población envejezca dramáticamente. Una de las razones para que una pareja decida posponer la creación de una familia son las dificultades económicas y en particular las dificultades para encontrar y formar un hogar. Debido en parte a una gestión penosa donde no se ha puesto límite a la especulación, las parejas tienen este problema para crear su propia familia.

El presidente de uno de los bancos más poderosos del mundo BCSH Banco Santander, Emilio Botín llego a decir que su banco tenía poca culpa de la situación de crisis y no dudo en culpar a los políticos. Éstos últimos tampoco admiten que sea culpa y dicen que es culpa de los especuladores y banqueros. En fin, que los que no tienen la culpa son los que sufren a los culpables y estos últimos no se hacen responsables.

Siguiendo con la elusión de responsabilidades ante desastres provocados por los gobiernos: Ya en 2003 el presidente de España apoyo una intervención armada en Irak junto con George Bush y Tony Blair alegando que existían armas de destrucción masiva aun sabiendo que la gran mayoría de la sociedad española se oponía. Siempre hubo sospechas de acuerdos secretos entre Aznar y el gobierno de EEUU para el apoyo de esa operación aunque nada de esto se publicó. También muchas hipótesis sobre la verdadera razón de la intervención. Varios documentales justifican una razón meramente económica en la intervención, y como hemos visto, existen autores que han criticado la intervención y tachado de desastrosa. En cualquier caso, después del derrocamiento y posterior ejecución de Saddam Hussein, las fuerzas aliadas entraron y no encontraron las armas masivas que fueron la razón "oficial" por la que se justificó la intervención militar. Por aquella intervención militar murieron soldados y civiles inocentes. Familias destrozadas, hijos, vecinos, hermanos, padres de gente que sólo quería vivir ajeno a la política y disfrutar de los suyos. En 2007 el presidente Aznar al ser preguntado por el fiasco donde el justificó la intervención por la existencia de armas y teniendo a toda la sociedad en su contra, respondió:

"Me he equivocado, pero para eso era el presidente, para tomar decisiones importantes. En aquel momento hice lo que creía. Pensaba que había armas de destrucción masiva. Pero no se pueden tomar decisiones a toro pasado."

Tony Blair respondió de una manera similar. Imagínense por un momento la rabia y los sentimientos de una persona iraquí cuyo hijo/padre murió en los bombardeos y que oiga estas declaraciones. ¿Cómo se sentiría al oír decir a alguien: *"Me equivoqué, pero para eso tomo decisiones importantes"*?

Nuestro sistema democrático permitió eludir de responsabilidades a los políticos que ordenaron ese ataque en el que murieron muchos civiles. Los expresidentes que ordenaron esa operación viven tranquilamente con su conciencia tranquila y con mucho prestigio y dinero en sus bolsillos. Cuando por un error médico una persona muere, el doctor es acusado, investigado y posiblemente ajusticiado. No solo sirve decir "Me equivoqué" Sin embargo, por decisiones erróneas que conllevan una gran responsabilidad en política, no existe en general un ajusticiamiento a los grandes líderes políticos por muchos de sus errores. De igual modo ocurrió con la gestión de la crisis económica. Al no calcular el impacto tan grande que iba a tener ni destinar parte del dinero a posibles accidentes económicos, o al no poner un techo a la especulación inmobiliaria, o al no controlar el mercado negro con anterioridad ni el fraude fiscal, las consecuencias de una crisis son todavía mayores. Sin embargo, los que la sufren no son ni las que la provocaron ni los que no supieron prevenirla ni preverla (Gobiernos). El presidente no solo no asume responsabilidades, de hecho muchos quieren acabar su mandato de forma digna con todos los honores y beneficios de haber sido un presidente del gobierno. ¿Y su responsabilidad? ¿Cómo es posible que podamos denunciar ante la justicia a una persona por saltarse un semáforo o por realizar un implante dental incorrecto o por romper un simple cristal y apenas podamos hacer nada para pedir responsabilidades a un presidente que ha fallado en sus gestión y por ende empobrecido la sociedad, con menos trabajo, mas fraude fiscal, más despidos, mas bajadas de sueldo, congelación de las pensiones, y más emigración del país de personas cualificadas?

En este caso el presidente se jubilara con todos los beneficios y sin ninguna condena por tantos errores en su gestión. Ese es nuestro sistema democrático. Entonces si lo pensamos, ser presidente del gobierno o cualquier otro cargo público con responsabilidad en la toma de decisiones (Ministro de trabajo, exteriores, economía, etc.) es por decirlo de una manera sencilla es jugar siempre a lo seguro y a caballo ganador. Tanto me equivoque como si no, a mí no me va a pasar nada. Es decir, como mucho no salgo re-electo, pero da igual porque ya me retiro con muchísimos privilegios, pensión vitalicia contactos con empresas, posiblemente alto cargo en cualquier empresa por mi red de contactos, etc. Profesores asociados por haber sido presidente del gobierno, escritores, asesores, consultores... (Todos estos cargos con un gran salario) Con lo que, ¿Qué importa si me equivoco? Si acierto bien y si no, pues también porque ni a mí ni a mi familia nos va a pasar nada.; al contrario: Vamos a estar cubiertos para toda la vida. Es ganar o ganar. Es una situación parecida a la que viven grandes bancos. Estos pueden jugársela invirtiendo en activos de mercado que se prevea que se revaloricen. Si estos lo hacen, los ejecutivos y directivos se llevan grandes comisiones de la operación y nadie se entera, o si lo hacen no es asunto de nadie más. Sin embargo si la inversión sale mal, pensarán: Obtenemos grandes pérdidas, nos quedamos sin capital con lo que no podemos dar créditos; así que el gobierno tiene que rescatarnos e inyectarnos liquidez, lo que significa que nuestros sueldos serán intocables. También es un ganar o no perder, por lo que no es raro que cualquier persona con pocos escrúpulos y con capacidad, tenga entre sus objetivos ser banquero o político. Esto, lógicamente no quiere decir que cualquier banquero o político tenga pocos escrúpulos, pero lógicamente, estas profesiones puedan ser objetivo de personas codiciosas con poca ética.

Por otro lado, hay algo realmente notable en la fuerza opositora. Aunque acusa al gobierno constantemente de negligencia, poca profesionalidad, dejadez, incompetencia etc. las únicas responsabilidades que le pide es que dimita o que convoque elecciones. Evidentemente si eso ocurre tendrán el gobierno. Curiosamente nunca se ha dicho algo de este estilo:

"Usted debería pagar por tomar las decisiones equivocadas y dejar a millones de ciudadanos con una desastrosa situación laboral, económica y financiera. Usted debe pagar por sus acciones con su capital. Debe dar sus casas lujosas y su capital privado por el caos que ha causado".

Esto podría tener sentido ya que si evidentemente se prueba que un gobierno tiene una gran parte de responsabilidad de empobrecer un país, dicho gobierno no debería quedar impune. De nuevo, el caso de Tony Blair y José maría Aznar dos expresidentes que apoyaron la intervención estadounidense de de intervenir militarmente en IRAQ con la excusa de la existencia de armas de destrucción masiva (que no existieron) y que como consecuencia dejaron miles de civiles iraquíes muertos. En ese caso ningún cargo político en la oposición le dijo:

"Usted ha causado muertes por su decisión y debe pagar por ellas yendo a la cárcel y restituyendo los bienes con su capital privado de las familias que ha destrozado".

Nadie. La fuerza opositora podría decirlo. Es el deber de la oposición hacer que los errores del gobierno sean expuestos y sean castigados con acciones judiciales y penales en caso de violar los derechos humanos. Sin embargo eso apenas se dice por la oposición. Naturalmente saben que tarde o temprano en 4 u 8 años, serán los próximos gobernantes mientras su estrategia de desgaste del actual gobierno siga funcionando. Parece obvio que cuando ellos sean los próximos gobernantes, que saben que es cuestión de tiempo, tampoco van a querer aceptar las responsabilidades de sus errores y así disfrutar de una impunidad plena en la toma de decisiones económicas, sociales, políticas exterior. Claramente, si los gobernantes pagaran por sus errores en sus decisiones, no con una simple dimisión sino con consecuencias penales y sanciones, habría menos parásitos políticos ya que sabrían que gobernar un país conlleva una gran responsabilidad y que habrá que aceptar esta en el caso de decisiones erróneas.

Hoy en día si un error médico deja a una persona parapléjica o minusválida se admite a trámite una demanda judicial, sin embargo ante un gobierno que ha negado una crisis y ha gestionado unos fondos públicos de manera desastrosa ha dañado el planeta solo por fines económicos individualistas, o quizás una decisión "errónea" de intervenir militarmente un país que conlleva la muerte de gente inocente, es complicado que se admita a trámite ni se denuncia por vía jurídica a los responsables de los hechos.

El caso del ex primer ministro islandés, Geir H. Haarde llama la atención. El fue primer ministro en el periodo 2006-2009. Durante su mandato, Islandia sufrió una de las crisis más graves de la historia al depreciarse su moneda un 44%, hundirse el mercado inmobiliario y subir la tasa de desempleo al 11% (Algo inusual en aquel país de 320.000 habitantes. Síntomas muy parecidos a los que sufrieron muchos países durante aquel periodo. Sin embargo, a la persona al cargo se le pidieron responsabilidades de la situación. Se le acuso de **negligente en el colapso bancario** que sufrió el país en octubre de 2008. Haarde fue acusado de **violar la ley sobre la responsabilidad de los ministros** y de desoír las advertencias que recibió en su momento acerca de una inminente crisis de los principales bancos islandeses. El Gobierno, entonces se vio obligado a nacionalizar los principales bancos en 2008. A Haarde, se le imputaron cargos por los que pudo ser condenado a una pena de hasta dos años de cárcel. Aunque fue imputado, finalmente se declaró inocente de 3 de los cargos que se le atribuyeron. Fue un primer paso y un aviso a los responsables de los gobiernos. El mensaje es que ningún cargo que ocupe un puesto de responsabilidad debe estar exento de asumir sus errores y pagarlos si es necesario.

Como es lógico, cualquier persona al que puedan pedir responsabilidades por sus acciones también se esforzará en una gestión óptima de su país. Eso es incuestionable. Lo que probó la sociedad islandesa es que es una sociedad donde la responsabilidad y el honor juegan un papel importante y que nadie debe estar fuera de la ley.

Sin embargo en países como EEUU, España o Francia, no ha ocurrido algo semejante en el sistema democrático. Al preguntarse porque no sucede eso quizá debería pasar por mirarnos a nosotros mismo como integrantes de la sociedad. En líneas generales podemos aseverar que no somos una sociedad preparada.

Es el deber de los ciudadanos encontrar también una posible solución a ese eludimiento de responsabilidades que disfrutan los gobiernos. Al ver las noticias y los movimientos masivos de gente en la calles, es claro que existe un movimiento de personas enorme que quiere hacer algo, se deben sentir encerrados en un sistema que no han elegido pero que les han dicho que es el más justo. Si hablan en contra de la democracia no serán aceptados. El principal defensor de la democracia es la clase política, especialmente los dos partidos monopolizadores, a ellos si les interesa vanagloriar la democracia. Ellos dicen: la democracia es justa, se vive bien en democracia, nadie en contra de la democracia. Tiene sentido que piensen que mientras haya esa democracia, su democracia, se perpetuaran y sus allegados serán bien remunerados aunque el pueblo al que sirven sufra.

Imagen

Durante muchos años en los años en los que gobernaba Felipe González se escucharon muchas voces de apoyo a éste aunque no estuvieran de acuerdo con las directivas del PSOE. El caso es que muchos ya no se consideraban socialistas sino "Felipistas" y tenían fe ciega en él. De hecho, muchos de los votos al partido socialista eran resultado de una fe ciega y un apoyo incondicional a Felipe González. Éste demostró que una persona con una buena dosis de carisma era capaz también de ganar unas elecciones, lo que convierte al proceso electoral en una pugna bipartidista en el que el líder de los partidos tiene mucho peso en la decisión del votante. Han sido ya muchos los debates televisivos y declaraciones cruzadas entre los líderes de los partidos mayoritarios.

Así, además de una pelea entre los 2 grandes partidos, la lucha entre los 2 líderes de los partidos en el proceso electoral tiene una enorme relevancia. Obama-Romney Obama-McCain, Sarkozy- Hollande, Bush-Kerry, Zapatero-Rajoy, etc, de modo que, podríamos definir más o menos el proceso electoral como una batalla bipartidista en el que el líder del partido tiene mucho peso en la decisión del electorado. Muchos debates entre los 2 líderes se han mostrado en la televisión o la radio con la intención de influir en los votantes. Y esto ha sucedido desde que tenemos la tecnología para hacerlo.

Llama la atención lo poco constructivos que resultan estos debates, ya que los dos principales líderes se llegan a faltar al respeto y sacan a la luz toda la incompetencia del oponente. Apenas se observa ninguna felicitación por el trabajo hecho, ni tampoco una propuesta constructiva por parte de ninguno para cooperar. El espíritu es totalmente destructivo. Destruyendo al oponente ganan; aunque si lo hacen, es porque le debe funcionar. Al destruir al oponente se activa el mencionado voto-castigo, con lo que la gente no vota a un partido por la confianza sino por castigar al que sale peor parado.

En referencia al voto castigo, vamos a detenernos aquí, hacer un paréntesis, y echar un vistazo a lo que ocurrió en Madrid en

2004. En marzo de ese año un ataque terrorista hizo Madrid, España y el mundo entero estremecerse. 10 bombas colocadas en diferentes trenes estaban programadas y sincronizadas para estallar en el momento en que los trenes llegaban a la estación. Afortunadamente, las bombas no explotaron cuando querían los terroristas, sino antes de que los trenes llegaran a la estación. Si los trenes hubieran llegado y explosionado en la estación de Atocha hubiera ocurrido un desastre mucho más grande. La intención era claramente matar al número máximo de personas posible. El resultado: Casi 200 muertes y 1.858 heridos de por vida. El ataque enfureció a la sociedad. No se trato de un atentado interno sino que todo apuntaba a que su origen era del movimiento fundamentalista islámico. Este impactó tanto a la población, que ésta mostró su irritación con el gobierno haciendo lo que se le permitía cada cuatro años: **castigando** al gobierno vigente y votando a la oposición.

Siguiendo con el concepto de imagen, claramente los votantes tendemos a conectar el líder del partido con el propio partido, y esto hace que los debates se conviertan en auténticos combates de boxeo. Si la gente piensa que noqueo a mi oponente, también piensa que he noqueado al partido oponente, y si esta noqueado lo castigan votándome a mí y a mi partido. Con lo que para ganar las elecciones una estrategia muy efectiva es tratar de noquear como sea al líder del partido oponente. Y por eso la estrategia sigue siendo la misma desde que se instauró este sistema de elecciones en la mayoría de los países democráticos. Evidentemente una persona carismática es un buen "boxeador" en estos debates y por lo tanto, los partidos siempre ven con buenos ojos la figura carismática. Siempre se ha criticado incluso dentro de los mismos partidos, el poco carisma que tenían los lideres. Aunque aun con estas críticas su estrategia de acoso y derribo contra unos gobiernos que se enfrentaban a problemas graves (desempleo, crisis, corrupción) consiguen tarde o temprano por dar sus frutos y darles la presidencia.

Llama la atención ver que tras estos debates, los analistas políticos hacen declaraciones y conclusiones, se realizan encuestas... ¿Quién ganó el debate? Declaraciones como: *"Este oponente es el perdedor porque se puso nervioso cuando se le preguntó por la política exterior"* o *"porque no supo responder el ataque del otro candidato"*. Hay programas enteros que se centran en el análisis de las reacciones de los candidatos. Claramente, La percepción que recibimos del debate va a influir en el partido que elegimos para gobernar nuestro país. Una pregunta a nosotros mismos ¿Realmente creemos que eso es lo correcto? ¿La profesionalidad y la eficacia de un gobierno dependen de la imagen que dos personas muestran cuando discuten durante una hora?

El 7 de Noviembre de 2011 se realizó un debate televisivo entre los dos partidos mayoritarios españoles. Aparte, cabe destacar una vez más que los medios fomentan el bipartidismo cuando televisan estos shows, ya que no se trata la información con el mismo rasero y no se da igual oportunidad a los partidos minoritarios a que realicen propuestas ni que participen en debates como ese. En un sistema democrático ideal, estos partidos deberían tener las mismas oportunidades de participar en los debates. De cualquier forma, al ver el debate televisivo, ocurrió exactamente lo que se ha explicado anteriormente. Parecía un combate de boxeo, en el que el espíritu destructivo barría al constructivo. Después del debate, en la prensa se hablo de combate a los puntos y todo. La palabra "usted" y "ustedes" se utilizo en cada frase que los candidatos enunciaban. Usted va a hacer esto. Ustedes han hecho lo otro, solo el "usted". La persona que estaba en el gobierno continuamente le decía al aspirante lo que iba a hacer si llegaba al gobierno cuando fuera presidente, que iba a suprimir pensiones, dañar la sanidad, etc. *"Usted va a hacer..."* El otro candidato le decía: *"Usted está haciendo, o ha hecho..".* Hubo muy poco espacio para el yo voy a hacer o nosotros vamos a hacer. Que eso es lo realmente interesante. Volvemos a lo mismo. Entonces vale la pena preguntarse: ¿Ese debate, sería admisible ante un grupo de votantes formados y preparados? Probablemente, ni si quiera esos políticos estarían ahí. En ese caso, tendrían que cambiar de estrategia si realmente querían conseguir los votos. Una de las estrategias simplistas es precisamente centrar toda la gestión en una persona. Si una gran parte de la culpa de la debacle se centraba en el presidente que había sido tan dañino para el país, cambiando a esta persona y poniendo una persona con carisma se podría renovar la ilusión tan degenerada de la población en un proyecto nuevo.

El entonces presidente José Luis Rodríguez Zapatero se convirtió el mismo en una suela de zapato que absorbió buena parte del hedor generado por la gestión de la crisis. La corrupción, fallos de previsión, malgaste del salario público, etc. hicieron que Zapatero concentrara las iras de los ciudadanos indignados y por tanto el partido aun recibiendo críticas, le venían de alguna manera suavizada ya que la mayoría las absorbía su líder. Eso hizo que la imagen de Zapatero se devaluara tanto que ya resultaba una carga para el partido. De igual manera que una suela devora olores, absorbe todos los olores y libra en parte al pie, cuando cumple su función se debe desechar y poner otra suela (a ser posible mas absorbente) Zapatero cumplió su función y necesitaban poner a alguien nuevo. En este caso fue el señor Rubalcaba. Lo más curioso es que este cambio dio en parte frutos porque hizo aumentar la intención de voto socialista aunque no lo suficiente para ganar las elecciones de 2011, ya que la imagen del partido seguía muy tocada, lo que demuestra como el electorado tiende a evaluar un gobierno o partido político, influido por su líder.

Simplemente con un lavado de imagen del líder del partido, se pude renovar parte del prestigio de un partido. Esto pone de manifiesto la importancia de la imagen en política. La imagen es esencial. Por eso todos los candidatos y gobernantes visten impecable, con corbata, limpios y aseados. Los socialistas o liberales algunas veces se permiten el lujo de vestir un poco más informal para dar "imagen" más cercana al pueblo. Todos intentan dar imagen de personas formales, serias felizmente casados con familia, etc.

En Suecía ocurrió una anécdota muy curiosa. El presentador del programa de información de actualidad sueco 'Rapport', Rikard Palm, tuvo que quitarse el bigote a petición de los espectadores del informativo. Este presentador se dejó crecer el bigote antes de volver al trabajo porque su mujer le decía que estaba más guapo. La reacción de la audiencia fue tremenda "*Los teléfonos no paraban de sonar. Todos estaban muy enfadados*", decía el personal de la cadena televisiva. El propio presentador estupefacto indicó: "Es increíble que la gente pueda reaccionar así por un bigote". Se tuvo que afeitar el bigote ante un posible despido. El programa era el mismo, el presentador era el mismo, las noticias eran del mismo estilo que las de siempre. La única diferencia era simple y llanamente un inofensivo bigote.

Está claro que ese bigote proyectaba una imagen diferente que incomodaba a la gente y claramente esa imagen fue capaz de cambiar el comportamiento de muchas personas. Obviamente los políticos conocen la importancia de la imagen y saben cómo se pueden manipular las intenciones de voto con ella.

En 2011 Arnold Schwarzenegger dejo su cargo como gobernador de California. Estuvo durante 8 años gobernando y representando el partido republicano. Tuvo una imagen de hombre responsable comprometido con su familia con mujer hijos. Esta imagen de hombre responsable, serio, querido por su familia y de héroe que encarnaba en sus películas, claramente le sirvió en parte de apoyo para alcanzar el poder. Durante su mandato, su gestión fue muy cuestionada al frente del gobierno californiano. El endeudamiento de California así como el 11% de desempleo hicieron tambalear su reputación de persona seria y profesional. Sin embargo, cuando se retiró, reconoció a un hijo extramatrimonial e indicó que volvería al cine (seguramente para regenerar una imagen debilitada). Es claro que una vez que su imagen no era tan importante de mantener porque ya no era gobernador, dejo ver parte de su realidad.

Siguiendo con la imagen como arma política, uno de los argumentos esgrimidos por el partido mayoritario de la izquierda es atacar a la derecha diciendo que la derecha va a reducir las pensiones que va a esclavizar a los ciudadanos como hicieron regímenes fascistas y que ellos son representantes de la clase trabajadora (el pueblo). Muchas veces aparecen sin corbata para dar cercanía al pueblo y venden su imagen de obreros mientras tachan a la derecha de tiranos y fascistas. Por otra parte el argumento del partido mayoritario de derechas es que la izquierda empobrece al país, que gestiona mal los recursos y que malgasta y debilita la economía, así como decir que no están preparados, que no son profesionales etc. Se valen de estos conceptos de imagen para seguir asegurando votos de una manera sencilla.

En campaña electoral del 2008 el gobierno socialista en España prometió que iba a cuidar de los ciudadanos y no subir los impuestos, Cuando accedió al gobierno a los dos años subió los impuestos, congelo algunas pensiones y redujo el salario de los funcionarios (entre otras medidas) Como se ha dicho, gobiernos de izquierdas pueden realizar política que se supone son de la derecha. Por otra parte, la oposición conservadora (ideología de derecha) afirmaba que era necesario reducir los impuestos (medidas de izquierdas) para generar confianza (justo lo contrario que el gobierno socialista hacía) Oposición conservadora defiende medidas izquierdistas. Cuando la oposición llega al poder en noviembre de 2011, no tarda en subir los impuestos alegando que la culpa es del gobierno anterior. Así en Julio de 2012 se llega al mayor recorte conocido, aumentando los impuestos suprimiendo mensualidades a los empleados públicos y reduciendo las prestaciones sociales. El presidente conservador en el momento afirmo. *"Ya sé que prometí bajar los impuestos, pero los he tenido que subir por las circunstancias"*. Lo que de alguna manera apunta que el concepto de izquierdas o derechas no tiene tanto peso como las circunstancias (mayoritariamente los mercados económico, e influencia de los países poderosos) en las decisiones de un gobierno, y por tanto no son más que conceptos usados como parte de la imagen de los candidatos.

Y no solo en España, cuando la crisis financiera golpeo a Europa con furia, la unión europea impuso al gobierno griego, portugués Irlandés e Italiano a realizar reformas y recortes sociales que incluían de nuevo, congelación de algunas pensiones y reducción de salario de los funcionarios así como una abaratamiento del despido laboral y subida del impuesto del valor añadido independientemente del color e ideología del gobierno existente.

Continuemos con este concepto tan interesante como es la imagen en política: En el primer debate político entre el candidato JF Kennedy y el vicepresidente Nixon ocurrió algo muy curioso. Kennedy, decidió presentarse al debate minuciosamente maquillado y con un aspecto mucho más cuidado que Nixon. Éste vestía un traje gris y apareció pálido por una reciente enfermedad. Pese a ello, se negó a maquillarse. Además de su presencia impoluta, Kennedy tuvo la habilidad de mirar a la cámara cuando respondía a las preguntas que le formulaban los periodistas, queriendo comunicar su mensaje directamente a los espectadores. Nixon continuó dirigiendo su mirada al periodista que le preguntaba.

El debate televisivo tuvo una audiencia espectacular. Curiosamente, las encuestas de los televidentes, indicaron que el vencedor del debate fue Kennedy sin embargo los números daban vencedor a Nixon para aquellos que siguieron el debate en la radio.

Todos estos ejemplos ponen de manifiesto de manera clara la estrecha relación entre imagen y política.

David Gergen Richmond (nacido el 09 de mayo 1942) es un americano consultor político y ex asesor presidencial, quien se desempeñó durante las administraciones de Nixon , Ford , Reagan y Clinton. En la actualidad es Director del Centro para el Liderazgo Público y profesor de servicio público en la Escuela Kennedy de Harvard . Gergen es el Editor-en-grande de *EE.UU. News and World Report* y el analista político de CNN . En su libro: *"Eyewitness to Power: The Essence of Leadership Nixon to Clinton"* Gergen admite que en el siglo XXI aparece una nueva generación en el poder.

Como conocedor de la casa Blanca, ofrece 7 características necesarias para ser líder, muchas de ellas se basan en el carisma la imagen y en liderazgo. Otras en su calidad y profesionalidad.

Lógicamente, las personas que no son expertas se dejarían llevar por el carisma y liderazgo a la hora de evaluar la gestión de un candidato. Sin embargo, las personas conocedoras y preparadas ya podrían evaluar muchas más cosas de un candidato y no solo las que inspiran su imagen. Claramente cuando se desea evaluar a una persona y no tenemos suficiente información, nos hacemos valer de la imagen que proyecta. Esto ocurre de manera natural. Cuando cualquier persona realiza una entrevista de trabajo, ¿Qué es lo que nos dicen? Cuida tu imagen. Presentante bien vestido, aseado, limpio, afeitado o con barba cuidada, etc. ¿Por qué? Porque es imposible que en la media hora que dure la entrevista, el entrevistador conozca todos los detalles de tu persona y tu profesionalidad. Lo que sepa de ti será por tus respuestas y lo que no pueda saber lo intentara detectar de la imagen que proyectas. Cuando dos personas se conocen muchísimo, (no sirve de nada vestirse de traje, afeitarse hacerse las uñas delante del otro). Simplemente porque ya se conocen perfectamente y no necesitan evaluar la imagen del otro para conocer su personalidad. Es obvio que cuando nos presentamos a alguien que no sabe nada de nosotros potenciamos la imagen que queremos dar. A medida que nos van conociendo la evaluación de nuestra imagen va siendo menos importante. El vendedor que va a ver a clientes importantes que no le conocen, se esmera en dar una imagen de profesionalidad, limpieza, exactitud y responsabilidad. Por ello cuida cada detalle de su apariencia y su forma de comunicar. Cuando a ese vendedor se le va conociendo por los productos que vende, su imagen va perdiendo importancia. Es así de simple.

Erik Page Bucy en su obra *"Image bite politics"* analizan la gran importancia de la imagen visual que tiene en los candidatos que hacen campaña electoral y de su poder de influenciar en la sociedad y así como la existencia del análisis visual de los votantes hacia los candidatos es de una gran relevancia. Por eso en la política la imagen es tan importante. Porque no sabemos nada de política. Lo que nos hace confiar ciegamente en la imagen que nos proyectan los candidatos. A menudo, se escucha lo siguiente: Este candidato no me inspira confianza. No me da buena imagen. Éste me parece responsable, este otro me parece un desastre, etc. Todas son percepciones de una persona basada en la imagen que nos proyectan. Por eso el peso de la imagen es tan grande en el voto. Y esta es una de las razones por la que se devalúa tanto. Porque votamos imágenes. No votamos realidades. Los políticos lo saben y por eso utilizan sus imágenes para seducirnos y conseguir el voto.

La realidad es que la gestión de los gobiernos en muchos países democráticos ha sido desastrosa y por eso los ciudadanos se sienten ultrajados. Pero en parte es lo que tenía que pasar. Si solo votamos imágenes e ilusiones, ¿Qué podemos esperar?

Ahora imaginemos que se presenta un candidato impoluto, con un carisma impresionante, imagen demoledora de profesionalidad, responsable, felizmente casado con don de palabra., etc. Presenta una propuesta electoral donde nos indica que va a crear millones de puesto de trabajo, eliminar el paro, hacer crecer el bienestar, etc. Muy bien. ¿Pensamos que un electorado que se ha preparado a conciencia se dejaría llevar en su totalidad por la imagen del candidato? Es claro que en la medida que una persona adquiere conocimiento y experiencia en cualquier área, cuando tenga que evaluar propuestas e informes relativos a esa área, se dejara influenciar menos por la imagen que percibe y más en su conocimiento que ha adquirido con su esfuerzo y dedicación. En ese caso se examinará con lupa la propuesta y su viabilidad y no solo se tendrá en cuenta si la corbata le queda bien con la camisa o no.

Un partido que tenga un candidato que "boxea" bien en los debates, le interesará tener debates televisivos, especialmente cuando las encuestas no le son favorables, para así intentar cambiar la intención de voto de los ciudadanos. Así volviendo al combate de boxeo, la persona con más carisma y con una mejor proyección de su imagen puede noquear al contrincante y de esta manera albergar todavía más votos, que al fin y al cabo de eso se trata para poder asegurarse privilegios y beneficios durante cuatro años más. Además, el hecho de cambiar una persona de vicepresidente a candidato a presidente haga que mejore la intención de voto pone de relieve el poco conocimiento que tenemos y lo manipulables que somos.
El 4 de septiembre de 2011, un senador español indicó que sería necesaria cierta pedagogía política al ciudadano, en referencia al hecho de culpar o hacer responsable al gobierno (administración

central) de una mala gestión económica. Indico que en muchos casos la gestión económica eran competencias de las comunidades autónomas y que estas eran las mayores responsables del gran déficit que vivía el país. En ese caso, inconscientemente tal vez, reconoció que hace falta establecer esa pedagogía política a los ciudadanos, porque no siempre estos pueden entender de donde proceden o porque ocurren situaciones en el país en el que vivimos, seguramente porque sabía que los ciudadanos solo juzgan basándose en las imágenes que reciben y no en el conocimiento que tienen.

La democracia, ¿Sistema justo?

Desde un punto de vista generalizado, La palabra democracia se rodea de sistema de gobierno óptimo y justo donde todos elijen en base lo que libremente consideran lo mejor para su nación y de esta manera el futuro del estado se decide en última instancia por la elección del pueblo. Curiosamente si miramos la situación democrática actual, como ya se ha apuntado, parece es que la realidad es otra. Una vez implementada la democracia que conocemos, se instaura un sistema político y monopolista de dos partidos mayoritarios que se perpetúan en el poder intermitentemente. Así que, en teoría, las opciones para los votantes son muchas. En la práctica, sólo hay dos, y estos dos reemplazan unos a otros cada 4, 8 ó 12 años como máximo.

Se admite poca discusión que cuestione la democracia como un sistema de gobierno justo. Si se compara con sistemas dictatoriales claramente en ese caso es un sistema más justo. Lógicamente si comparáramos la calidad de un coche antiguo de segunda mano con una bicicleta mala, concluiríamos que el coche es mucho más rápido y tal vez mejor para viajar. Pero, ¿No existen muchos otros coches en el mercado más rápidos, seguros y en última instancia mejor? En vez de hacer la misma comparación una y otra vez, podríamos comparar el coche con otros que ofrecen una mejor calidad.

Sin embargo se entiende a la democracia como si no existiera una forma de gobierno distinta y más justa. O hay democracia o hay dictadura, como si no existiese una forma de gobierno real y diferente a una u otra. Quien no admita la democracia como sistema valido, será tentado de ser calificado de fascista o dictador. Los políticos se han encargado de recordarnos que la democracia es justa y que es un logro histórico del pueblo y curiosamente ningún político en cargo la ha cuestionado como sistema de gobierno que necesita mejorar. Volviendo al ejemplo de los coches sería como si el vendedor de coches nos dijera: Compra el coche antiguo de segunda mano porque es mucho mejor que la bicicleta destartalada. Entonces, si usted dice: Bueno, el coche viejo no es muy seguro, se rompe muy a menudo, y no es muy estable. El vendedor le diría: ¿Está loco? ¿Quieres la bicicleta destartalada entonces? Y entonces usted podría decir: No, quiero un coche más seguro y más rápido. Y los políticos hacen constantemente el papel de este vendedor de coches para permitirse perpetuar. En muchas ocasiones se les recrimina por sus errores, por los problemas causados, etc. Ellos aun admitiendo que han cometido fallos, se apresuran a decir que el sistema democrático es el correcto y que la democracia es prácticamente intocable. Quizá sepan que mientras esto se siga aceptando, de alguna manera permanecerán monopolizando y esclavizando a los ciudadanos. Por lo visto hasta ahora, políticos poderosos nunca han presentado una propuesta seria de mejora de la calidad del sistema democrático actual. Nunca se ha escuchado en alguna de esas personas algo así. *"No es justo que el elector en la práctica sólo tenga 2 opciones de voto. Vamos a tratar de mejorar el sistema de la democracia para que sea más justo y hacer más accesibles los partidos a los medios, por lo que los votantes tendrán más opciones e información para decidir el mejor gobierno* ".Por desgracia, parece improbable que ninguno de los políticos de los partidos mayoritarios pueda hacer declaraciones como esa. Ellos seguramente sepan que mientras esto se acepte el monopolio existirá y los ciudadanos tendrá siempre 2 opciones (A largo plazo será sólo una, sólo cambiará de color de cada cuatro u ocho años).

Si tanto ellos como las grandes corporaciones nos convencen de que la alternativa a la democracia es la dictadura, (Un coche malo o una bicicleta pésima), no hay nada que hacer para cambiar nada. Vamos a seguir con el mismo sistema que beneficia a unos pocos que son quienes controlan la población y establecen su monopolio. Este sistema es, por desgracia algo parecido a una dictadura.

Paul Collier es profesor de economía en la universidad de Oxford. Ha ganado diversos premios como escritor. Concretamente por su obra *"The bottom billion"* ganó el premio Lionel Gelber y otro más de la consejería de relaciones extranjeras. En su obra *"Wars, guns and votes"* Collier hace una análisis y una descripción de las democracias y las opciones que barajan los gobiernos. Y concretamente se centra más en la democracia en países subdesarrollados como algunos africanos. Collier nombra a Tim Besley, estudiante suyo, quien lanza la pregunta de si los políticos se dejan influenciar por lo que sus electores quieren. Una pregunta que a priori tiene una respuesta fácil no siempre es trivial, especialmente en los países subdesarrollados. Según él:*"es claro que si un gobierno no hace lo que los electores le piden es complicado que sea reelegido"*

Collier asevera que los políticos quieren perpetuarse en el poder. *"parcialmente, esperemos que por vocación pero también por un gran estilo de vida"*. Además justifica: *"Es su profesión, y no quieren estar en paro"*. También explica que en ocasiones es complicado saber que parte de culpa tienen los gobiernos de una situación mala. En ocasiones, por ejemplo las exportaciones de un país caen, y como consecuencia la economía colapsa. Madagascar se sufrió una situación mala en 2006 por el incremento del precio del petróleo importado y el fallo de varias exportaciones. En esos casos de situación mala, la clave es saber si el desastre viene provocado por incompetencia del gobierno o por esos factores. Ciertamente, en muchos casos el gobierno indicará que no es responsable pero los electores siempre lo verán como excusas para no admitir su culpa y por tanto los electores pasaran factura a sus gobiernos. De alguna manera, esto ilustra que los electores no manejan ni tampoco estarán preparados para tener toda la información y evaluar en consecuencia.

"Al problema de la mala información también se le junta el problema de la etnia"

Para Collier un candidato a gobernante por pertenecer a una etnia dada, podría ser suficiente razón para recibir o negar votos. Lo que no parece que sea justo que la raza pueda influenciar a los votantes, aunque en la realidad esto ocurre según el autor. Dado, la poca capacidad del electorado para evaluar la capacidad de un gobierno y la influencia que tiene factores como raza, ideología o religión de los gobernantes, Collier pone en duda que el buen hacer de un gobierno sea una garantía para ser reelegido. Y aquí viene una de sus claves: *"Si los políticos pueden encontrarse una probabilidad decente de ganar sin realizar un trabajo profesional al frente del gobierno, entonces la clase de gente que querrán ser políticos cambiará."*

Además añade:

"Si siendo honesto y competente no da una ventaja electoral, entonces ser honesto y competente no será importante". Los corruptos reemplazarán a los candidatos honestos."

Se puede extrapolar esto a los países subdesarrollados, donde los políticos suelen tener antecedentes criminales que buscan la inmunidad que les libre de la cárcel.

Collier sentencia: *"Si la gente honesta, se da cuenta que será muy difícil ganar unas elecciones, los votantes no tendrán ni si quiera la opción de un gobierno decente"*

Esto nos debería hacer reflexionar. Observemos por un momento a grandes rasgos el funcionamiento del sistema partiendo de cómo un partido llega a gobernar.

La campaña electoral

Como parte de la problemática podemos analizar el proceso de precampaña y campaña electoral. La campaña electoral es el trabajo para influir en la decisión de un proceso en un grupo. Los representantes u aspirantes a gobernante inician el proceso de captar votos de los electores. Como parte de la campaña, aparecen los mítines, conferencias, propuestas, debates, etc. Una técnica infantil y que resulta muy eficaz es la de *"y tu mas"*. O decir si nos hemos equivocado ustedes lo han hecho más. Es una manera de hacer campaña destructiva que claramente debe ser efectiva; de otro modo no lo harían.

En las elecciones anticipadas del 20 de Noviembre en España el Señor Mariano Rajoy candidato opositor al gobierno vigente y favorito en las encuestas, dijo que con su partido en el poder el país saldría de la crisis. Las explicaciones que ofreció de cómo salir de ella eran generalidades: Aumentar la confianza de los mercados, bajar los impuestos, incentivar la creación de empresas para generar empleo... Muy bien. Pero no dijo en detalle cómo iba a hacerlo. ¿Cómo iba a incentivar la creación de empresas? ¿Va a dar dinero a las empresas nuevas para que se financien e inviertan? Aquellas que tengan un plan de negocio prometedor y mejore las exportaciones y así genere riqueza en España... ¿Cuánto dinero iba a destinar a estas empresas? ¿De cuánto dinero se dispone para esto? Evidentemente no dijo nada de esto porque le podría perjudicar. Por otro lado, el señor Alfredo

Pérez Rubalcaba fue candidato a presiente a las elecciones por el partido socialista en el que ya fue vicepresidente durante 7 años. Curiosamente, dijo que él tenía la receta para salir de la crisis si ganaba las elecciones. La crisis económica que fue admitida por su partido poco después de ganar las elecciones en marzo del 2008, convivió con él hasta entonces. Es curioso pensar que si sabia la receta, ¿Por qué no la uso para salir antes, cuando tenía la posibilidad?

Lo que evidentemente demuestra esto es que en campaña se promete cualquier cosa por ganar los votos. Estos discursos y propuestas aunque son vacías, generales, cínicas y demagogas, se siguen usando una y otra vez en cada campaña y precampaña electoral. Reflexionando un poco sobre ello, vemos que si se usan estos discursos una y otra vez en campaña es porque deben funcionar.

Además, observando y analizando las estrategias electorales podemos extraer algunas conclusiones:

- Insultar, menospreciar y atacar al rival en las elecciones debe funcionar.
- Discursos vacíos, cínicos y demagogos deben funcionar.
- Tener carisma personal sin decir nada técnico funciona
- No es necesario explicar en detalle la viabilidad de las propuestas electorales: El cómo se pretende hacer, que alcance o riesgos de cada maniobra no afecta en gran medida en la valoración que se hace de los candidatos

Se podría ampliar la lista de operaciones que consigan dar votos de manera fácil.

Y ahora la pregunta: ¿Por que funcionan todas estas técnicas tan burdas para obtener votos? Parece que la respuesta es que los políticos son conscientes de lo poco que tienen que hacer para ganar votos. Saben que una gran mayoría prefiere escuchar estas cosas vacías y poco constructivas que tecnicismos y políticas constructivas. Por eso el voto es relativamente fácil de conseguir por los candidatos a gobernantes ya que a los políticos les cuesta relativamente poco conseguirlo. El que fue portavoz de la casa blanca Tip O'Neil escribió el libro, *"All democracy is local"* da una serie de consejos sobre cómo llevar la política de un país. Entre muchos hay uno que llama la atención. *"Keep it simple"* o lo que es lo mismo: No hagas discursos complicados. Haz las cosas fáciles. Básicamente viene a decir que las cosas complicadas y discursos técnicos no tienen cabida en el mundo político, ya que los votantes necesitan discursos simples.

Uno de los programas televisivos de mayor audiencia en países occidentales son aquellos en los que se vierten opiniones sobre famosos y prensa rosa. Criticas, insultos, humillaciones y calumnias a personajes famosos y periodistas. No ofrecen calidad intelectual ni una pizca de cultura. Las personas se gritan, insultan y faltan el respeto constantemente. Curiosamente en muchos países que se suponen civilizados, este tipo de programas tiene mucho éxito alcanzando niveles de audiencia elevados. Lo que muestra el interés de una gran parte de la sociedad. Sabiendo lo que a la sociedad le interesa, los políticos se lo dan: Insultos, agresividad, faltas de respeto. Eso, parece que, lamentablemente funciona en muchos estados considerados democráticos y hasta es capaz de ganar la simpatía de una gran parte de la población. Por tanto, en estos casos tiene sentido que los políticos piensen: ¿Porqué invertir fuerzas para ganar votos diciendo que se van a recortar el sueldo público, y los privilegios y porque invertir tiempo en crear discursos concisos con mucha información relevante si pueden conseguir los votos diciendo simplemente que su rival es un incompetente?

Es lógico pensar que deberían trabajar más para ganar nuestro voto. El voto que tanto nos ha costado conseguir debemos respetarlo y valorarlo en la medida de lo que supone y significa. Si el voto estuviera bien valorado, es obvio que el bipartidismo y monopolio político finalizaría.

Volviendo a las propuestas de los partidos hacen durante la campaña: En cualquier negocio, es claro que las demandas de los clientes hacen mejor oferta de productos. Cuando una propuesta para la creación de cualquier producto es evaluado por un grupo de expertos, la propuesta tiene que ser excelente y completa con el fin de ser evaluada positivamente; debe tener alta calidad y ser factible de ser realizada. Por otra parte, si la propuesta está dirigida a personas que saben poco o nada, la propuesta puede ser muy general y vacía de contenido importante. Puede ocultar los detalles vitales, y se puede vender humo y conceptos vagos que suenan muy bien, pero que son imposibles de realizar. Se sabe, además, las propuestas que cualquiera de las partes hagan durante la campaña son los planes que tienen en mente cuando se gobierne. Al observar muchas de las propuestas electorales, parece que solo el populismo sin nada concreto se encuentra en prácticamente todas.

Por otra parte, cualquier persona preparada debe darse cuenta de que es prácticamente imposible que los dos grandes partidos no estén de acuerdo en casi nada durante la campaña electoral, lo que demuestra que el espíritu destructivo entre los dos grandes partidos no deja hueco a una política constructiva que podría ayudarnos a todos. Esto revela que la ambición y el interés personal de los candidatos por llegar al poder es más fuerte generalmente que el espíritu constructivo de ayuda entre todos los partidos candidatos. Y un espíritu constructivo de todos los candidatos es sin duda lo que debería necesitar una nación: Una ayuda constructiva de parte de todas las fuerzas políticas y no una carrera de desprestigio mutuo para llegar al poder. Parece, por tanto, que el sentido de la democracia cuando ésta creó, lo hemos perdido en algún lugar en el camino.

Margen de acción de los gobiernos

Con el fin de tratar de determinar lo que un gobierno puede o no puede hacer, podría ser útil para tratar de entender las normas que dictan el estilo de vida actual. Esta sección muestra un modelo apoyado en la visión de varios economistas incluidos en la bibliografía. Establecemos a continuación una serie de puntos para definir nuestro modelo:

1)   Los recursos naturales del planeta que produce pueden ser representados como   R incluye el petróleo, el gas, la comida, el agua, etc.

En general, la Tierra puede regenerar dichos recursos y R puede aumentar o disminuir en función de su consumo. Cuando uno de los recursos naturales disminuye o escasea, su valor monetario aumenta. Se sabe además que los factores que pueden hacer que ocurra una disminución de los recursos naturales pueden   ser   su   uso   excesivo, sobreexplotación   y   por   supuesto   una superpoblación que haga uso de él. Estos 2 factores y otros pueden hacer que el crecimiento y la regeneración de los recursos no sean suficientes y sean incapaces de regenerarse debidamente y aumenten.

2)   En base a los recursos naturales y sus productos derivados existentes, los grandes proveedores de crédito (Fed. reserva, el FMI, el Banco Central Europeo, (por ejemplo) generan dinero (M) (Líneas de crédito) con la intención de establecer un valor con el que comerciar con los recursos.

3)   La primera ecuación resultante de este modelo económico es F (R) = M. i.e. El dinero que existe en el mundo depende en última instancia de la cantidad de los recursos naturales. Si R se regenera e incluso aumenta, M puede aumentar y hacer que el sistema económico siga moviéndose. Por el contrario, si disminuye R, M debe disminuir para poder hacer del dinero un bien útil. No tiene sentido generar una cantidad ilimitada de dinero, ya que entonces el dinero no

valdría nada. Al ser un activo limitado, M es controlado por los proveedores de dinero (bancos grandes). Con la limitación de R, M (el dinero existente en nuestro mundo) se divide en los diferentes países en función de la competitividad económica de cada país.
El PIB funciona como un indicador del dinero que un país genera.

Digamos que M (dinero o crédito existente) es el gran pastel y se divide en trozos (M1, M2, M3, M4 .....)

EE.UU. tendría el trozo más grande M1,
China, M2
Japón M3
Alemania M4.
...... M5
 etc.
Por lo tanto, la segunda ecuación del modelo económico aparece:
M = M1 + M2 + M3 + ... + MN, (MN siendo el último país).

Capital en el mundo

Entonces, sabiendo que M aumenta o disminuye según R (como una "tarta dinámica"), la ecuación anterior debe siempre cumplirse.

Para cumplir con esta ecuación, cuando el dinero de un país tiene (M2, por ejemplo) aumenta, otro debe disminuir, a menos que, por supuesto, M crezca y permita el crecimiento de varios países a la vez (El pastel se hace más grande).

Julián Pavón Morote es profesor de prestigio de economía de la Universidad Politécnica de Madrid. Él describe cómo el modelo económico chino está detrás de la crisis económica que la mayoría país occidental sufre hoy. Según Pavón, la forma en que la industria china reduce los precios de sus productos, junto con un servicio de disponibilidad absoluta hace del negocio chino imposible de competir para cualquier negocio en cualquier país. La mayoría de los negocios chinos transfieren sus ganancias a cuentas chinas haciendo que los bancos chinos reciban capital continuamente del resto del mundo. Además, las exportaciones de servicios de bajo costo desde China, así como las transferencias que las empresas chinas en el extranjero a los bancos chinos entre otros factores culturales han hecho un gran cambio en la economía actual desde 2007. En ese caso la economía china ha crecido alrededor de 10% cada año (una tasa de crecimiento increíblemente grande), que junto con otras economías emergentes, hicieron que el resto encogieran. Así el pastel 'M' tuvo que ser redistribuido.

Y esto es lo que está sucediendo hoy en esta crisis. Muchos países tienen menos dinero sólo porque algunos otros consiguieron rápidamente un pedazo más grande del pastel (M). (Este proceso fue tan rápido que obligó a los demás a tener un pedazo más pequeño), y ese trozo más pequeño ahora no es suficiente para mantener los servicios públicos que existían cuando el pedazo del pastel era más grande.

Así que en ese momento, la economía que sufre ese cambio a la baja, lo que necesita es crecer rápido para ser más competitivos económicamente y obtener así trozos más grandes del pastel económico para que puedan disfrutar de nuevo el bienestar que solían tener.

Para complicar más el modelo, si llamamos C1 al crecimiento que experimenta el país 1 gracias a su competitividad, entonces C1=F(C2,...,CN) , es decir que el crecimiento de un país (que consiga pedazos más grande de la tarta) también está influenciado por que otros países (sus compradores) crezcan también: Por ejemplo, un país que basa su crecimiento en la venta de sus productos al exterior, depende de que esos países compradores a su vez crezcan para seguir siendo competitivo.

Como conclusión general podemos decir que este proceso de crecimiento puede seguir y seguir, siempre y cuando R (recursos naturales y todos los productos derivados) sigan regenerándose. En el momento de que por ejemplo la tasa de crecimiento de R sea menor que la tasa de crecimiento de población de los países, el escenario podría ser muy malo para muchas naciones lo que significa que las economías menos competitivas desaparecerían trayendo desastres en el país en cuestión, tales como (guerras civiles, revoluciones internas, etc.). Problemas normalmente relacionados con las economías débiles.

Así que, al final, todo el sistema económico resulta ser una carrera competitiva entre los países para obtener las porciones de M tan grande como sea posible.

Con estas 3 limitaciones:

- Tasa de crecimiento R
- Las economías más competitivas obtienen pedazos más grandes de M (dejando los menos competitivos con los más pequeños)
- Crecimiento de los compradores para hacer crecer a los vendedores.

Como conclusión de este pequeño resumen, extraemos que la solución para que un país sobreviva económicamente es ser más competitivo en términos económicos. (Traer trozos más grandes del pastel 'M' al país a través de las exportaciones, creación de nuevas empresas, reformas laborales, turismo, etc.). Sin embargo, es importante ser consciente de que las naciones económicamente débiles siempre sufrirán si todos queremos que el sistema funcione. (En una carrera que siempre hay alguien que llega primero a la meta y alguien que llega el último).

Y ahora volviendo a lo que nos interesa, ¿Qué papel puede jugar nuestro gobierno?

Una sociedad más competitiva es asunto de toda la población, pero ¿Quién es el que tiene que liderar este proceso y crear políticas para potenciar este objetivo? Es evidente que el gobierno más preparado debe iniciar ese cambio. Ahora mismo lamentablemente muchos gobiernos son claramente oportunistas. Cuando el país goza de una gran porción de M, entonces los niveles de altos estándares y el crecimiento está garantizado casi siempre. Un gobierno de mediocres puede disfrutar de los resultados de una sociedad rica sin hacer mucho. Sin embargo, cuando la economía se contrae, debido por ejemplo a que existen nuevas economías competitivas que aglutinan más riqueza, entonces tienen que encontrar la manera de obtener un pedazo más grande de la tarta monetaria para el país, haciendo que la sociedad sea más competitiva (y eso es una tarea difícil, de ahí que los gobiernos profesionales y no los mediocres se necesiten con urgencia)

El dinero y el poder (Los fabricantes de zapatos)

Una vez que el sistema económico mundial es descrito a grandes rasgos, es evidente que tarde o temprano la corrupción aparece para tener el control sobre la oferta monetaria y por lo tanto para controlar las reglas del juego económico y democrático. Así, Los recursos naturales y los productos que se derivan de ellos se perfilan como la clave, siendo el dinero el instrumento que los mide.

Por otro lado, los proveedores de dinero controlan el flujo de crédito, y esto es uno de los principales focos potenciales de corrupción, el primero en este sistema.
Las empresas grandes y poderosas tienen acceso directo a los proveedores de dinero en determinadas condiciones.

Una vez las grandes corporaciones tratan de sellar con los proveedores de capital los procedimientos y vínculos que les beneficie, el sistema económico tiene puestas sus bases. Claro está, el ciudadano que quiere un sistema justo, debería tener acceso y conocimiento de esos procesos de flujo de capital entre los bancos y grandes empresas. Pero como hay millones de ciudadanos y un sistema de elección de representantes establecido (democracia), son los gobiernos quienes representan a los ciudadanos y por tanto son los gobiernos quienes deben tener ese conocimiento y asegurar que no se abuse de sus representados (los ciudadanos). Y aquí viene el segundo foco de corrupción mundial. El enlace entre las grandes corporaciones y los gobiernos.

Una pregunta interesante: ¿Por qué las empresas poderosas se molestan en financiar la campaña de los partidos candidatos a gobernantes? ¿A caso no esperan nada a cambio? La respuesta es obvia. Si el gobierno es la representación de los ciudadanos, mediante el control de los gobiernos lógicamente se asegura el control de los ciudadanos.

Hace mucho tiempo, cuando el dinero no existía, en una ciudad las personas vivían sus vidas de la mejor manera que podían. Como todas las ciudades, existían comercios en las que la gente podía intercambiar sus productos. Arroz por la fruta, hierro por cuero, etc. Todo estaba en orden, ya que existían muchos productos con los que negociar. Sin embargo, sólo había 3 zapateros de la ciudad. Los zapatos eran muy necesarios ya que el terreno era muy pedregoso y la gente los necesitaba para proteger sus pies y caminar largas distancias para trabajar. Se rompían muy a menudo por lo que siempre necesitaban ser reemplazados. Los fabricantes de calzado se dieron cuenta de lo importante que eran los zapatos para la gente y también de que eran los únicos en la ciudad que podían proporcionárselos. Después de pensarlo, comenzaron a exigir más a cambio de sus zapatos: Una oveja no era suficiente, sino 2 vacas, para después pedir 3.

A medida que los zapatos comenzaban a cumplir con las necesidades de la ciudad y todos los ciudadanos estaban debidamente calzados, los zapateros se veían obligados a pedir menos a cambio de ellos. Entonces, los fabricantes de zapatos que eran hombres de negocios inteligentes decidieron establecer un procedimiento: Comenzaron a producir menos zapatos, para que las personas que necesitaban calzarse tuvieran que dar más bienes a cambio, e hicieron pensar a la gente de la ciudad que el arte de la fabricación de calzado era extremadamente difícil. Así los ciudadanos no podían ni siquiera tratar de aprender y los fabricantes de calzado siempre tenían el control de la oferta. Al final, los fabricantes de calzado tenían todos los zapatos y necesitaban asegurarse de que ellos eran los únicos que tenían. Su peor enemigo era la abundancia de zapatos. Lógicamente, si todo el mundo tenía los zapatos su valor se devaluaría y los fabricantes de calzado perderían poder.

Al final los habitantes de la aldea se hartaron de ser constantemente abusados y exigieron un coste más justo a cambio de los zapatos. Eligieron a un representante para que hable con los zapateros. Los fabricantes de calzado, por otra parte dieron a los representantes de los ciudadanos muchos zapatos y parte de los bienes que reciben de la población, por lo que los zapateros y los representantes podían vivir de una manera muy rica.

Además los fabricantes de calzado tenían amigos y familiares, a los que convencieron para ser elegidos los próximos representantes. Los fabricantes de calzado, ya que tenían el poder, controlaban la información suministrada sobre los candidatos a representante. Así que siempre se aseguraban de que el representante no sería motivo de preocupación para ellos. Por tanto el círculo de poder se estableció por un largo tiempo.

Un día, la población comenzó a darse cuenta de que necesitaban más información sobre los representantes. Ellos comenzaron a entender el proceso, los ciudadanos estudiaron las propuestas de todos los que querían ser representantes, y eligieron una, persona independiente, profesional y capaz de entender el arte de la fabricación de zapatos perfectamente. Este tuvo muchos problemas con los fabricantes de calzado, ya que obligó a los fabricantes de calzado a proporcionar más zapatos a las personas que realmente lo necesitaban a cambio de menos beneficios. Los fabricantes de calzado se quejaron de la destrucción del sistema de fabricación de calzado, pero el representante era incorruptible, inteligente y difícil de ser engañado. Todos en el pueblo tenían los zapatos cada vez que lo necesitaban a cambio de un cambio justo. El representante no tenía ideologías, protegía de abusos a los ciudadanos y también a los fabricantes de calzado. Todos los ciudadanos tenían que trabajar duro para vivir e intercambiar sus mercancías, pero el representante no podía dejar que cualquier grupo abusara de sus compatriotas. Es por eso para lo fue elegido. Esto permitió que el sistema volviera a la normalidad y fuera controlado por un representante profesional que era sustituido cada cuatro años.

En esta historia, es evidente que los fabricantes de calzado representan los grandes bancos, los zapatos son el dinero, el representante es el gobierno y el pueblo es la población en general. El sistema en el que vivimos tiene el dinero como el motor. Se nos empuja a trabajar para conseguirlo. Uno de los grandes problemas es que hay gente que controla la oferta monetaria y estos, deben ser controlados también, ya que sus principales objetivos no son el bienestar general sino solo el suyo.

Una pregunta interesante es: Así como a los fabricantes de calzado, ¿qué es lo mejor que le puede suceder a las personas que tienen un montón de dinero?
Lo mejor para ellos es que el resto no tengan mucho pero suficiente para malvivir. Si todo el mundo tiene gran cantidad de dinero, entonces el dinero no valdría mucho (Lo que en términos técnicos significa que la

inflación se elevaría dramáticamente para que el dinero vuelva a ser un bien preciado). Así que cada vez que hay una nueva línea de crédito para un país, los directivos de la Reserva Federal, FMI , El Banco Central Europeo, se cuidan para crear más dinero, ya que esto significa que el dinero valdrá menos. Esta es la razón por la condición de prestar dinero requiere el pago de intereses. (Al igual que lo que hicieron los fabricantes de calzado), lo que significa: Si proporcionamos dinero a todo el mundo, la inflación aumentará drásticamente tanto que el dinero vale menos y por tanto no tendría utilidad. Así que la forma en que los bancos solucionar este en la mayoría de los casos, es pedir un mayor interés para las personas / los países que necesitan préstamos.

Una de las diferencias entre la alegoría y la realidad es que los fabricantes de calzado hacen zapatos, pero los bancos no siempre hacen billetes. La mayoría de las veces, se crean líneas de crédito, que ni siquiera es dinero impreso. Sólo existe en los sistemas.

Estas son nociones básicas de economía y describe a grandes rasgos el sistema monetario, pero es suficiente para demostrar que los que controlan la oferta de dinero son los que controlan la sociedad a través de su control de los gobiernos. Así, una vez más, además de la relación entre los recursos naturales y el dinero, el punto de atención se centra en: **La relación entre los proveedores de dinero y los gobiernos.** Asegurar un enlace incorruptible es lo mismo que establecer un cortafuegos. El gobierno tiene que ser el servidor de seguridad que redirige el fuego lejos de la población para evitar, o al menos paliar las consecuencias de los desastres económicos que puede llegar a ocurrir. Una vez más, el gobierno profesional es la clave. Los fabricantes de calzado (grandes bancos) quieren obtener grandes beneficios por suministrar los zapatos, ellos no son una ONG, por lo que no es esperable que tengan nuestra protección ni bienestar como su objetivo. Así que, cuando nos quejamos a los bancos acerca de su falta de humanidad puede ser que respondan con toda la razón que su objetivo no es protegernos, sino protegerse ellos. Por lo tanto, nuestro error está en esperar que se comporten con más humanidad y compasión por las personas que no pueden sobrevivir con el poco dinero que tienen. Sin embargo, sin duda si podemos esperar eso de nuestro gobierno. Este gobierno debe proteger a los ciudadanos de cualquier abuso, y por eso lo elegimos y, por supuesto, una de sus muchas tareas es controlar los bancos y proveedores de dinero para que no abusen de la sociedad. Es otra razón por la qué la sociedad necesita a representantes de calidad y no a mediocres.

El sistema democrático como escudo de la clase política

Ahora bien, los responsables con sus gran sueldos y privilegios como hemos citado, ni aceptan su responsabilidad ni tampoco se le exigen responsabilidades. Algunos ciudadanos lo hacen, les piden explicaciones y responsabilidades pero no llegan con fuerza porque los políticos siempre contestan: responded en las urnas. O lo que es lo mismo "entrad en nuestro juego de la democracia donde tarde o temprano gobernamos los mismos y os hacemos lo mismo sin que nos pase nada mientras unos pocos políticos nos enriquecemos y aseguramos nuestros futuros y el de nuestras familias".

Gerry Mackie es profesor de ciencias políticas, codirector del programa de aprendizaje para el cambio de normas sociales y convenciones de UNICEF; en la universidad de Pensilvania. Mackie analiza el sistema democrático en su obra *"Democracy Defended"*. El autor muestra a la democracia como un sistema inevitablemente caótico y a merced de la corrupción, influencia y manipulación política. Es normal que los políticos deseen mantener este sistema. Por poner un ejemplo, el 10 de Junio de 2011 en la televisión pública se entrevistó a un presidente de una región de un país occidental. Se le pregunto acerca de los problemas de la crisis y de las consecuencias de las decisiones políticas como recortar pensiones, recortar beneficios sociales, gastos y endeudamiento de autonomías, etc. etc. Lo primero que dijo, aun admitiendo los problemas fue:

"Ante todo, la democracia es inocente" De esta manera, el sistema democrático actual se mantiene a parte del debate para después seguir argumentando sobre los problemas; Es claramente una táctica excelente. Por lo tanto, es interesante la forma en que pueden distraer nuestra atención, incluso culpándose a sí mismos directamente pero sin manchar su democracia. Ellos claramente no son la causa de los problemas, sino más bien los síntomas. Siempre y cuando la última causa no se descubra los síntomas pueden durar mucho tiempo y así aprovechar el sistema al máximo para su propio beneficio.

Y ahora pensemos por un momento que existe un sistema en el que:

• Le permite ocupar un puesto de trabajo con muchos privilegios y por lo tanto le permite asegurar su futuro y el de sus familiares

• No tiene que responder ante sus errores de gestión ante la justicia en la mayoría de los casos

• Tal vez usted no siente que es su vocación, pero bueno con todos esos privilegios, ¿Qué le preocupa su vocación?

• Así aun admitiendo que es usted quien comete los errores, usted distrae la atención del sistema que le dio el trabajo (el verdadero problema) y por lo tanto la posibilidad de ser despedido, se evita. (Porque el sistema no lo permite)

Este político en particular probablemente sabía que al establecer el hecho de que la democracia es inocente, le permitiría a él y sus colegas estar a salvo por mucho tiempo. Podrían retirarse de su carrera política con millones en su cuenta. Por tanto, este sistema democrático les sirve como su escudo, aquel que les protege, es su mina de oro.

Después continuó: "En el Norte de África están pidiendo democracia". Como si la alternativa a la democracia fuera la tiranía y la dictadura que existe en algunos países africanos. De nuevo, como se mencionó anteriormente, el vendedor de coches que le pregunta ¿Quieres un coche malo o una bicicleta pésima?

Por otro lado, cuando uno escucha unas declaraciones de la clase política existe un patrón que se sigue mucho y se acepta. "Las urnas deciden. Los ciudadanos deciden. La ciudadanía puede decidir". Lógicamente en el voto está la clave; existe mucha gente con mucha energía y mucha creatividad y un tremendo potencial para un cambio social. Lo triste es que parece que se desperdicia porque hasta ahora no hemos llegado a obtener cambios de gran calado en la política y en el sistema de elección de gobiernos.

La fuerza opositora que critica hasta la saciedad la política del gobierno, instando a este a que convoque elecciones , a que se vaya del gobierno , a que desista de su desastrosa gestión, está claro que quiere lo mismo que ha tenido el gobierno anterior para seguir haciendo políticas parecidas. Una diferencia, a demás de tener los privilegios que otorgan formar un gobierno de una nación, por ejemplo, es que ahora son ellos (la oposición) serán los que tienen acceso a los fondos públicos, y a través de empresas de familiares y amigos podrían si quisieran hacer recircular ese dinero de manera legal para ellos mismos.

Corrupción.

De nuevo parafraseando a Collier *"Si la gente honesta, se da cuenta que será muy difícil ganar unas elecciones, los votantes no tendrán ni si quiera la opción de un líder decente"*

Si los candidatos se dan cuenta que pueden ganar elecciones sin ser honesto la honestidad no se tendrá en cuenta en la clase política. Y esto es especialmente grave.

En términos generales, prácticamente la mitad de todos los posibles votantes votan a uno de los dos partidos mayoritarios. Partidos formados por políticos que se lucran independientemente de la situación social de su país.

Si echamos un vistazo al panorama político actual podemos detectar cuatro puntos cual en la situación de la democracia existente:

• Existen políticos corruptos que se enriquecen con el dinero público a costa del pueblo.

• Políticos que solo quieren el poder a costa de echar reproches al partido contrario en una técnica de acoso derribo.

• Políticos que saben que van a gobernar tarde o temprano pues solo hay dos partidos y utilizan la técnica de desacreditar al partido contrario para alzarse con el poder.

- Políticos que aun haciendo las cosas mal cuando gobiernan, se jubilan con todos los beneficios sociales y fiscales, asegurando un porvenir para ellos y su familia

Podríamos ampliar la lista, pero con estos puntos vemos que hay suficiente información para admitir que el actual sistema democrático tiene grandes fallos y ha iniciado un proceso degenerativo.

Peter Schweizer un investigador de la Universidad de Stamford en la institución Hoover. Él explica en detalle cual es el proceso por el que muchos políticos se convierten en millonarios por sus actividades públicas. Su libro: *"Throw Them All Out: How politicians and their friends get rich off insider stock tips"* explica como personajes en el mundo de la política se han hecho famosos y ricos gracias a su información privilegiada que han usado en distintas inversiones de dudosa ética.

En los 1990 y en relación con el caso Naseiro, Vicente Sanz, presidente del partido popular valenciano, llego a decir. "Estoy en política para forrarme". Y es prácticamente imposible que sea el único que lo piense. Esta persona fue grabada mientras lo decía y el no lo sabía y, lógicamente, no debe ser el único. La diferencia es que a esta persona se le grabó cuando lo dijo. Claramente es difícil que alguien lo diga en voz alta y es aun más difícil l que se le grabe mientras lo haga. Pero lógicamente no debe ser el único.

Si lo pensamos fríamente, ganar sueldos superiores a los 150000 dólares anuales, coches oficiales, dietas, privilegios fiscales, flexibilidad de horarios de trabajo, lujosos despachos, etc. no suena mal a la hora de elegir un trabajo en el que no tienes que pagar por tus errores en la mayoría de los casos. Para cualquier persona con un poco de codicia sería una tentación obtener un cargo público de relevancia. Si además se aprende el discurso de que la ciudadanía es inteligente y la democracia es justa se podrá decir que su posición se refuerza. Lógicamente todos estos beneficios atraen a personas codiciosas cuya principal motivación es el dinero y el poder y no el servir a su país.

No parece coherente pensar que un sistema político justo se puede equiparar al trabajo como el empresario que busca el enriquecimiento mediante la manufacturación de sus productos. Existen trabajos, etc. cuyo principal fin es el enriquecimiento. Podríamos citar por ejemplo, economista, analista de mercado, banquero, empresario... Y muchos otros trabajos cuyo fin es el ganar el sueldo a fin de mes, casi todos los del sector servicios y profesional. Ahora bien es indudable que existen una serie de trabajos que son, o deben ser, productos de una vocación que busquen el bienestar de social como primera instancia. Enfermeros, profesores, voluntarios, policías, bomberos, sanitarios, etc... Estos trabajos, si bien, deben ofrecer un sueldo para poder vivir decentemente, el dinero o el bienestar propio, no debería ser el principal motor en su elección.

Si cualquiera de estas profesiones son elegidas principalmente por prestigio, salario, numerosas vacaciones, horario fácil, seguridad en el trabajo, las personas no desempeñaran su trabajo de manera óptima. Todos conocemos profesores que no se motivan ellos ni motivan el aprendizaje, médicos pocos profesionales que eligieron su profesión por presión familiar o por prestigio, enfermera/os poco comprometidos y en el caso de los políticos todavía podremos encontrar más corruptos por la cantidad de beneficios que ofrece la política, y por tanto es claro que el beneficio que debe dar la política es el resultado de una motivación vocacional por parte de quien quiera coger el timón del país. Ayudar a un país a tener su bienestar y no el beneficio propio debe ser el espíritu político. Quien anteponga en política el beneficio propio al de los demás será un político corrupto. Y sólo es cuestión de tiempo que la corrupción se refuerce más.

Si todos los beneficios, sueldos y grandes privilegios que disfrutan la clase política se suprimieran en gran medida, solo quedarían aquellos que creen que pueden alcanzar un bienestar para el país. Si los sueldos fueran los sueldos medios del país, la gente devota, gente que no se movería por dinero en su trabajo y que tendría, al menos, las mejores intenciones para el bienestar del estado, y esto debería ser el primer paso. Esto no quiere decir que estén o no preparados para gobernar, pero sí que su intención es sana para formar un gobierno correcto, con lo que al menos, ese debería ser el punto de inicio hacia el gobierno justo y profesional y no el mediocre de turno. Después de ese primer paso selectivo, un segundo paso sería necesario para medir la competencia y profesionalidad de los candidatos a formar gobierno. No habría muchos, eso es seguro. Sin embargo, los pocos que quedaran actuarían por vocación. Y en cada país existe gente (posiblemente no mucha) que actúa por mayoritariamente por vocación. Por lo tanto, no cabe duda que un gran recorte en los privilegios políticos tiene que ser realizado a petición de los ciudadanos. Y aquí es donde el papel del ciudadano y el votante es donde cobra fuerza de nuevo. La necesidad de reforzar el concepto de voto.

Demagogia política

Si se observa el debate del estado de la nación (Una asamblea donde los políticos discuten y hacen balance de la gestión del país durante el año vigente), la parte principal es el cara a cara del presidente del gobierno con el representante y dirigente de la oposición. El espectáculo es lamentable donde se acusan mutuamente y reprochan en lugar de buscar consensos y soluciones a problemas. Lo más sorprendente es que al día siguiente en los medios de comunicación se muestran estadísticas, encuestas y páginas enteras de quien es el ganador y quien es el perdedor. A una sociedad preparada no le importaría mucho quien es el ganador o perdedor entre dos políticos en un debate. Lo que le preocupa es que le informen en cifras reales del estado del país y que se va a hacer. En la actualidad, se invierte una gran parte del tiempo de los medios en medir el carisma de los líderes políticos, encuestas, elecciones, etc. etc., es un circo político que al electorado correctamente informado y preparado no le debería importar.

Enfado y descontento actual

Ahora bien, si nos centramos en la situación política existente en el país, hay muchas personas que piensan exactamente lo mismo sobre el desastre político que nos toca vivir. Una mayoría de abstenciones, votos en blanco y votos nulos en las elecciones autonómicas y municipales de 2011 lo confirmó. (Posiblemente muchos de los votantes también comparten este desanimo por los políticos pero simplemente dieron su voto al "menos malo de los dos mayoritarios").

El movimiento de indignación es un ejemplo del inconformismo hacia el sistema actual. Este movimiento forma parte de la movilización "Occupy wall street" que sacudió al mundo con una protesta general por la dinámica social establecida por las grandes corporaciones con la complacencia de los gobiernos. Por lo menos la sociedad se está dando cuenta que las grandes corporaciones y los bancos son los que dictan las leyes en último término y quien controlan a los gobiernos. Se han publicado una cantidad muy variada de documentales en las que explican que la situación actual está gobernada por una corpocracia. Es decir, el gobierno de las corporaciones. El propio John Perkins, un antiguo consultor financiero que trabajo como sicario económico (El mismo lo reconocía), en su obra *"The Secret History of the American Empire: Economic Hit Men, Jackals, and the Truth about Global Corruption"* explica como los intereses de las grandes corporaciones corrompen los gobiernos a los que sobornan para favorecerse y seguir enriqueciéndose. Él cuenta su experiencia como sicario económico cuya misión era contactar con países que poseían con grandes recursos naturales, como son el petróleo o gas, ofrecer ayuda al desarrollo, endeudando al país en cuestión y enriqueciendo a las empresas que inician la construcción de infraestructura, que eran 99% empresas americanas. Después para pagar la deuda, como generalmente los países no pueden, se obtienen beneficios de los productos y recursos del país como es el petróleo, minerales, etc. De esta manera, con el dinero que prestan al país en cuestión, se "convence" al gobierno de turno a contratar a las empresas americanas, se endeuda al país y se consiguen controlar sus recursos naturales que a la postre significa controlar el país.

Perkins detallaba el plan de acción que seguían las instituciones que aspiraban a dicho control.

Se trataba de corromper al gobierno existente mediante sobornos. Se les pedía que aceptaran endeudar a su país para que las multinacionales construyeran en ese país y ayudaran a desarrollarlo. Según Perkins, al final la infraestructura creada: puertos, aeródromos, etc., no llegaba al pueblo y solo favorecía a unos pocos. Al estar endeudados y no poder devolver el crédito, solo le quedaba ofrecer sus recursos a muy bajo coste, con lo que el control de los recursos del país siempre estaba en manos de las corporaciones internacionales.

Según Perkins, si este plan no funcionaba porque el gobierno no se dejaba corromper, es decir, miraba por el interés de su país, simplemente se le quitaba de en medio mediante propaganda, financiando un golpe de estado, o simplemente asesinando a los responsables de negarse al soborno, de tal manera que el siguiente gobierno accediera porque si no, sabía lo que podía sucederle. Él mismo afirma en su libro que lo intentaron con Saddam Hussein hasta que finalmente lograron acabar con él con la intervención en 2003 tachando entonces de excusa la razón oficial de la existencia de armas de destrucción masiva. También lo hicieron con el presidente de Guatemala y Panamá en 1953 y 1954 y admitió además la conspiración contra Hugo Chávez, presidente Venezolano, que no pudo perpetrar.

Para Perkins, Las grandes corporaciones y los bancos son los emperadores de la sociedad actual. Ellas financian las campañas de los gobiernos para favorecerse y se encargan de corromper a los gobiernos de países que tienen recursos naturales y están en vías de desarrollo para lograr su gestión. Ejemplos los vemos en las aseguradoras médicas en EEUU o las energéticas en Europa. Por ello mismo, necesitamos los mejores gobiernos posibles ya que tienen un margen de obra limitado. Con ese margen de actuación necesitan ser los mejores y menos corruptos. No existe otra salida. Ahora vale la pena preguntarse sobre nosotros mismos ¿Qué papel tenemos en todo esto?

Bueno, tenemos el voto. Esa es la única opción que hemos conseguido con años de lucha. Un gobierno fuerte, vocacional, sin color político con grandes profesionales es lo que necesitamos y se nos da el voto para conseguir el objetivo. No podemos permitirnos un gobierno débil, mediocre y corrupto. Ahora es cuando necesitamos el mejor, el más fuerte, justo, capaz, competente y vocacional.

El movimiento de Occupy wall street inició una protesta contra la clase política y se desvincularon de cualquier movimiento político. Jóvenes viendo que su futuro y sus ilusiones eran arrebatados por un grupo de personas que se enriquecían mientras ellos tenían dificultades para obtener un puesto de trabajo mal pagado y explotado. Ingenieros de caminos recién licenciados, arquitectos, médicos... Todos ellos finalizaban su formación universitaria y no tienen muchas más opciones que ir directos a las oficinas de empleo. Ingenieros en paro, arquitectos, químicos, biólogos... Sin embargo los políticos siguen lucrándose independientemente de que hagan o no hagan bien su trabajo. El 6 de Octubre de 2011, se tomaron las calles de Nueva York en contra de las políticas fiscales y el sistema financiero. Se tomó Wall Street mostrando una indignación contra Goldman Sach, banqueros y especuladores que dirigen la economía. El rescate a los bancos que iniciaron una crisis financiera de gran magnitud irritó y enfurecieron a la población quien también se centró en el presidente americano. Ellos pensaban que Obama representaba un cambio progresista en la sociedad americana, donde la clase media estaría más protegida.

Sean Larson, universitario estadounidense indicó: *"Esta protesta refleja los estertores del capitalismo"*, *"la crisis financiera lo ha puesto todo patas arriba y ha convencido a la gente de que es necesaria otra sociedad.*

*No sucedió en 2008 porque muchos canalizaron su enfado con Bush votando por Obama. Pero **Obama ha hecho lo mismo que Bush.** Elegimos al candidato más progresista de todos los tiempos y nada cambió. Una prueba de que votar no sirve para cambiar nada".* Obama era una cara que daba imagen de cambio, pero su gobierno tenía una política continuista con grandes empresarios bancos y corporaciones financiando su campaña. Una campaña que puede manipular la voluntad del pueblo con información devaluada. Lo que vuelve a demostrar que los electores siempre nos dejamos llevar por la imagen que nos proyecta un candidato y no por nuestro propio conocimiento político que en general es escaso, lo que nos lleva al siguiente punto.

Poca preparación del electorado

Los estadounidenses saben lo que quieren "Los italianos son inteligentes", los votantes españoles son inteligentes "."Los ciudadanos franceses son muy inteligentes". Todas estas declaraciones han sido dichas por los presidentes y ejecutivos de sus gobiernos. Sin embargo, cuando los presidentes y su ejecutivo son cuestionados porqué recortan derechos sociales, son muy explicititos. Suelen decir: "Son medidas impopulares, pero vamos a salvar a este país cueste lo que cueste. Entendemos que nos puede perjudicar en las elecciones y que no gustan, pero son necesarias". Esta en concreto fue dicha por el presidente del gobierno español en 2011. Estas declaraciones, quitan la careta a las otras donde dicen que la ciudadanía es inteligente. ¿Por qué dijo que aunque cueste lo que le cueste esas medidas van a ser tomadas? Ya sabe que son medidas que no le gusta a los ciudadanos que él representa. El sabe que los ciudadanos no quieren que les suban los impuestos, que les congelen las pensiones y que les recorten derechos. Pero aun así las toma, alegando que es por el bien del país. Y está claro que su mensaje viene a decir, que eso fue lo mejor para el país aunque la gente no lo entienda.

Ante un mensaje como este, se podría cuestionar: ¿No hemos quedado en que la ciudadanía es muy inteligente y capaz de decidir? ¿Quién es usted para decidir medidas impopulares? ¿Se cree más preparado para tomar decisiones que la ciudadanía? ¿Porque si por un lado dice que el electorado es inteligente y capaz, por otro toma acciones que el electorado no quiere? Debería decirlo claramente: La ciudadanía no está preparada en asuntos de estado. Todos los políticos lo saben. Los gobiernos parece que juegan a complacernos por un lado diciendo que somos muy capaces y a tratarnos como estúpidos por otro. Lo que ocurre es que parece es que a ellos le funciona. Sería muy difícil encontrar un partido candidato a gobernar que diga que los votantes son ignorantes en materia de gobierno y que pretenda conseguir sus votos. Obviamente a nadie le gusta sentirse insultado. Lo que claramente funciona es decir: "Que listos sois" y luego tratar a la masa ciudadana como lo que son: gente poco formada en asuntos de estado. "Los ciudadanos son inteligentes", "saben decidir", "la democracia es justa". Es como cuando le decimos a un niño de 3 años de edad. Eres tan listo... Sin embargo, usted no confiaría en él para administrar sus inversiones. Y nosotros, digámoslo claramente, somos tratados como niños de 3 años por la clase política. En muchas ocasiones los ciudadanos se han indignado con el gobierno por incompetentes, poco formados, poco serios, corruptos, etc. Nos podríamos preguntar, ¿Y nosotros? ¿Estamos preparados para elegirlos? Si no otorgamos la responsabilidad de conducir un vehículo a alguien que no pase unas pruebas de conducción, test teóricos, pruebas prácticas, etc.. ¿Por qué le asignamos tranquilamente la responsabilidad de decidir el gobernante de su país sin pasar ninguna prueba de cualificación?

Imaginemos que somos el responsable del hospital y tenemos el poder de decidir que medico va a entrar en la sala de operación para llevar a cabo una operación de riñón a un paciente; tenemos toda la información profesional de cada cirujano, pero aunque la información fuera detallada, posiblemente no entenderíamos nada si no sabemos algo de medicina y en concreto de cirugía. Con lo que aunque barajemos la información, no sabemos procesarla para emitir un juicio y seguramente la persona que elijamos no sería la idónea. Podríamos entonces preguntarnos: No nos dejan elegir al cirujano idóneo si no nos formamos antes en cirugía, entonces ¿Por qué podemos elegir el gobierno de mi país si no me formo antes? ¿O es que todo el mundo tenemos el mismo conocimiento?

Otro ejemplo:
Imaginemos que tenemos una avería en el cableado de nuestro hogar y no sabemos prácticamente nada sobre la reparación eléctrica. Podríamos:

1) Intentar solucionar el problema nosotros mismos
2) Llamar a un electricista.

Podemos decir: Esta es mi casa y voy a arreglarlo. Bueno, pero al menos vamos a aprender algunos conceptos e ideas de la electricidad. Tal vez tomar un curso, leer sobre circuitos eléctricos, y entender algo sobre nuestra instalación para saber lo que estamos haciendo. Si decidimos no hacer nada de esto y seguimos comprometidos para arreglar la instalación sólo porque creemos que podemos hacerlo, es probable que vaya a ser un error, y probablemente vamos a crear un problema mayor.

Todos estos ejemplos parecen tener sentido cuando se trata de electricistas, fontaneros, médicos, etc., entonces una buena pregunta: ¿Por qué no es evidente al momento de elegir nuestra mejor representante? La respuesta a esta pregunta parece ser una combinación de los medios de comunicación manipulados, el mensaje de los políticos y de nuestro propio ego.

Analicemos también el caso de una propuesta de un candidato a gobernante diciendo: "Vamos a incrementar las exportaciones del país, porque pediremos un crédito a inversores para financiarnos ahora que nuestra prima de riesgo es mínima, ya que el diferencial dista del bono alemán tan solo 20 puntos. Con este crédito contrataremos compañías que subvencionaran la contratación de gente desempleada en el sector servicios y estableceremos unos acuerdos con el FED y el banco chino de inversión donde ellos financiarán el 80 % por el preacuerdo macro de..... El potencial de mercado de nuestras exportaciones es …. ".

De todo lo que se ha dicho aquí, posiblemente una gran mayoría de la población entendería muy poco o prácticamente nada.

Lo que es seguro es que el pueblo entiende algo como esto:

"Usted ha mentido y no tiene respeto por los ciudadanos. Usted ha insultado a los ciudadanos, o usted engaña a las víctimas del terrorismo, o con usted el país se hunde, usted quita derechos, ustedes quitaron pensiones, o etc. etc. etc."

¿Sabemos o tenemos nociones por ejemplo de la legislación vigente que afecte a la aprobación de los presupuestos? ¿Sabemos cómo está formada nuestra estructura política y el funcionamiento de esta? ¿Tenemos el conocimiento necesario para evaluar la calidad de los gobiernos? Necesitamos responder a estas preguntas honestamente.

El ejemplo de la licencia de conducción aplica muy bien aquí: Imaginemos que le damos el derecho a conducir a toda persona mayor de 18 años sin ninguna prueba ni formación. Obviamente el nivel de accidentes de vehículos aumentaría dramáticamente. Después otorgamos también el derecho de diagnosticar enfermedades a personas no cualificadas (sin ser médicos ni facultativos) solo teniendo la mayoría de edad. Es evidente que aumentaría el número de muertes por enfermedades mal diagnosticadas. Regalemos la licencia de arquitecto o la categoría de fontanero a cualquier persona mayor de edad y sin formación. ¿Se imaginan el desastre en las viviendas?

Sin embargo para votar, sí. Ahí no hay problema…. (Decidir el futuro de tu nación) quien va llevar el timón durante 4 años, quien va a gestionar el dinero de los fondos impuestos, quien va a decidir en política exterior, quien va a incentivar la creación de puestos de trabajo., quien nos asegura un bienestar sin corrupción, quien va a influir en el bienestar de todos y sus generaciones venideras. Para elegirlos no necesitamos demostrar que sabemos lo que votamos. ¿No es esta una gran responsabilidad?

Una persona sumida en el alcohol difícilmente será admitido como capacitado para desempeñar cualquier trabajo, sin embargo no hay problema en que decida nuestro gobierno. Siempre que tenga más de 18 años. Podría ir borracho a votar y tranquilamente dar su voto a quien le plazca.

"Sigue adelante y toma tu decisión, vota a quien quieras" eso es lo que dice la democracia. ¿No sabes nada acerca de los candidatos? Da igual. ¿Has pasado tiempo en tratar de entender sus propuestas? ¿A quién le importa? No pasa nada, decide la persona que va a manejar mi dinero y que va a decidir mi futuro y el de mi familia.

La gente enferma que sufre la enfermedad de Alzheimer en estados avanzados y por desgracia ni siquiera recuerda su nombre no podía realizar casi ningún tipo de trabajo, pero podrían votar y elegir el gobierno de su país en muchos países democráticos. Estas personas merecen claramente todo el respeto, el amor, el apoyo y la atención, y es por eso que necesitan el mejor gobierno que pueda protegerlos. Sin embargo, es lógico pensar que deberían dejar que los que han decidido convertirse en votantes preparados decidir por ellos y por su propio bien. En una sociedad donde se nos ha dicho hasta la saciedad que los objetivos se obtienen con dedicación y esfuerzo, no se entiende como una decisión tan importante como la elección de un gobierno serio para tu país sea otorgada sin que los ciudadanos demuestren ninguna validez de elección.

Pedro Ruiz es un escritor y polémico presentador radiofónico. El dijo abiertamente que no votaba porque no creía en un sistema donde una persona que tiene ideas genocidas puede decidir con su voto el gobierno. También dijo que maltratadores violentos, etc. pueden ejercer su derecho al voto y que por tanto no cree en un sistema que permita estas situaciones. Quizá no hay que ir tan lejos y poner ejemplos tan drásticos, simplemente se puede estudiar el siguiente caso:

Imaginemos alguien dedicado y entregado a evaluar cual es la opción más favorable para su país, que sabe lo importante que es el voto y que ha dedicado tanto tiempo en estudiar propuestas, que ha valorado la información de los candidatos, que se ha informado de las consecuencias de la elección de unos u otros u otros terceros y que haya visto como se ha hecho la gestión económica, que además evalúe servicios como la educación con unos candidatos u otros , etc., , vea como alguien que no ha dedicado ni un segundo en esto, vote a un partido solamente porque le cae bien este o le cae mal aquel aunque no sepa que propone cada uno ni tenga nada de información.

Al final en el recuento, el voto de la persona que ha realizado un esfuerzo para entender contará igual que el voto sin ninguna formación. La cuestión es: ¿Es eso justo? En un sistema donde se repite hasta la saciedad que con el esfuerzo se logran los objetivos, ¿Por qué alguien que no se esfuerza para nada tiene la misma recompensa que alguien que ha invertido mucho tiempo en estudiar y analizar las propuestas políticas porque sabe que votar conlleva una gran responsabilidad? ¿Por qué tanto uno como otro reciben el mismo premio?

Por ejemplo de nuevo imaginemos que una persona ha estudiado todos los programas políticos en la campaña electoral, conoce las ideologías, la dinámica, historia, de todos los partidos políticos representantes. Ha invertido mucho tiempo en saber a quién quiere votar y realmente es una persona capaz, porque ha visto el programa de los candidatos, se ha formado para entender los principios políticos, se ha esforzado y ha invertido tiempo. Se ha comprometido por el futuro de su país concienciándose para su decisión. Tiene una visión certera de la política y tiene una opinión personal basada en sus conocimientos que ha adquirido estudiando minuciosamente los detalles de todos los candidatos. Al final esta persona "ejerce su derecho al voto" y efectivamente cuenta como un voto al partido que esta persona preparada cree (equivocadamente o no, pero libremente él ha ejercido su voto). Ahora veamos otro caso. Una persona que ya ha cumplido 18 años, por lo tanto puede votar. Esta persona no sabe nada de política ni le interesa, no sabe quien se presenta ni le interesa, Él no ha leído los programas electorales. Sin embargo, él / ella ve a un candidato que le gusta porque le parece "bueno y profesional" y entonces él / ella decide votar por su partido. Tal vez les gusta el bigote del candidato o la corbata azul o roja o cualquier otra razón relacionada con la imagen. Como se ha dicho, al contar los votos, el voto basado en el "conocimiento y el esfuerzo" cuenta exactamente lo mismo que el voto basado en la imagen que te inspira". Y, probablemente, los votos basados en la imagen son muchos más que los basados en el conocimiento. Lo que demuestra que tal y como está el sistema, es claramente injusto, sobre todo para los votantes que se han preparado a conciencia porque realmente se han comprometido con su tarea de seleccionar un gobierno responsable que nos permita conservar nuestro bienestar.

Más ejemplos: En una clase hay algunos estudiantes que hacen su tarea, estudian, se preparan duro, pasan mucho tiempo para comprender las materias que aprenden y otros que no hacen absolutamente nada. Imaginemos que al final del año todo el mundo tiene la misma calificación. No importa lo mucho lo que aprenden, todos reciben la misma calificación. ¿Quién llevaría su hijo a esa escuela? No parece que esa institución tenga mucho futuro.

Por otra parte, cuando se habla de restringir el derecho de votar, la idea de la dictadura se vuelve más fuerte. Los políticos lo usan todo el tiempo para fortalecer idea democrática como el sistema más justo posible. ¿Qué haría usted si es un profesional que trabaja duro para ser promovido a una posición específica que requiere de mucha experiencia y conocimiento y luego darse cuenta de que todo el mundo es promovido a esa posición sin importar sus conocimientos y experiencia? Es probable que se queje, dice que el sistema no es justo y más probable es que busque otro trabajo. Eso es probablemente por lo que muchas personas se niegan a votar, porque el sistema no es justo en último término. Y no es la primera vez que se critica el poco conocimiento del pueblo. Ya Platón en su mito de la caverna, afirmó que existen personas que ignoran que ignoran y además otras que prefieren vivir en la ignorancia de manera voluntaria. Además, existe un corriente social donde el solo plantear la restricción del pueblo a decidir por el gobierno se asocia con la dictadura política.

Sin embargo, ¿Qué ocurriría si el sistema dejase al pueblo decidir, solo que el pueblo tuviera que querer prepararse para hacerlo? El pueblo lógicamente tiene que querer formarse para poder decidir. Si mantenemos al pueblo poco formado, todo apunta a que el pueblo sufrirá otra tiranía (de los partidos mayoritarios), que es lo que ocurre actualmente.

Lisa Jane Disch en su libro *"The Tyranny of the Two-Party System"* critica precisamente al bipartidismo americano (demócratas y republicanos) En su obra ella se pregunta: ¿Por qué solo dos opciones? ¿Es que es el único modelo posible en nuestra democracia? Parece normal pensar que si dos partidos se saben los únicos posibles a gobernar, estos ejercerán una dictadura intermitente. Y ese es claramente el resultado de una falta de formación en el electorado.

Mapa político actual. Causa de la enfermedad

Ahora bien la medicina tradicional establece que es importante encontrar la causa de una enfermedad para establecer la cura. El cáncer, por ejemplo es una enfermedad a la que, a día de hoy ha sido imposible encontrar una cura. Sin embargo bien se puede tratar y en algunos casos se puede permanecer en remisión indefinida. Y precisamente la razón principal por la que no tiene cura es porque a día de hoy no se conoce la causa real de porqué se produce la mayor parte de los casos cáncer. Se sabe que algunos factores como el tabaquismo, alcohol, vida sedentaria, sistema inmune deprimido son factores que pueden disparar el desarrollo de la enfermedad pero no son en sí mismos los causantes ya que hay personas que no cuidan su estilo de vida y no lo desarrollan, mientras que otras que llevan una vida sana pueden sufrirla. Al no conocerse la causa, se trata la enfermedad de una manera invasiva, es decir, se eliminan los tumores existentes de células malignas (mediante cirugía, quimioterapia o radio terapia o una combinación de estas) y se espera que no retornen. En muchos casos, si no lo hacen en digamos 5 años, aseveramos que ese tipo de tumor es muy poco probable que vuelva y decimos que ha ocurrido una "curación clínica". Sin embargo nadie se atreve después de una operación en la que un tumor maligno se ha extirpado, a hablar de una curación. Si la última causa por la que se producen los tumores maligno fuera conocida, sería posible entonces desarrollar nuevos tratamientos que hicieran posible hablar de curación.

Siguiendo este paralelismo, el movimiento del 15-M intentó un tratamiento invasivo, contra los tumores y quistes malignos que en este caso podríamos asemejar a los políticos corruptos que permanecen enquistados en el sistema democrático. Además, se hicieron propuestas contra listas cerradas, se habló de corrupción, del poder y abuso de los bancos, eliminación de sueldos desorbitados, etc... Se centraron en eliminar la malignidad de la clase política existente cortando de raíz toda la corrupción y negligencia de muestran los gobiernos. Fue un trabajo arduo y difícil y se hicieron muchas propuestas. A algunos políticos les incomodaron, quizá hicieron cambiar parte de su conducta corrupta, pero como el cáncer, volvieron, y siguen. Y aunque hubieran eliminado de las listas a todos los corruptos, probablemente este cáncer "social" hubiera vuelto por que la causa, al igual que en el caso del cáncer, no se conoce todavía o se confunde. De nuevo, las pistas parecen indicar que los políticos no son la causa y que son el efecto de un sistema de elección podrido y enquistado en una coraza de falsa justicia: La democracia actual.

Volviendo al paralelismo entre nuestro sistema y las enfermedades podríamos centrarnos en las autoinmunes por ejemplo.

En estas también se tratan directamente los síntomas de la enfermedad (dolores, temblores, cansancio, fatiga, etc.) con fármacos, porque al no conocerse la causa, esa es la única alternativa.

Al tratar los síntomas, una clase política corrupta y poco preparada que derivan en los síntomas más evidentes (que a su vez son los ya citados problemas del paro, deudas, empobrecimiento social, guerras inútiles, etc.) nunca saldremos de la espiral, porque tarde o temprano otros políticos quizá con distintas caras pero el mismo fondo harán lo mismo.

El movimiento 15-M surgió justo antes de las elecciones. Como se ha dicho antes, su principal objetivo era limpiar la clase política para que esta trabajara por una sociedad más justa. Pero en las elecciones, uno de los dos partidos mayoritarios con políticos en listas que estaban imputados en casos de corrupción y cobrando sueldos estratosféricos ganó. Lo que parece que indica que ese tratamiento que ofreció el movimiento no fue muy efectivo, y por tanto de alguna manera se prueba que no importa cuánto les exijamos a los políticos, les culpemos, les insultemos. Porque en las siguientes elecciones es seguro que uno de los dos partidos mayoritarios será elegido. Personas no preparadas y mediocres, con o sin carisma, con los contactos necesarios, se alzan con el poder y ocupan cargos de ministros, consejeros y hasta presidentes.

SOLUCIÓN: EL CAMBIO

Lo que revela como indiscutible es la necesidad real de un cambio. Es por ello que ocurren tantas protestas y manifestaciones. Si no hubiera estos movimientos la sociedad no pensaría que es necesario el cambio. Razonablemente, es normal que la sociedad se someta a un cambio dinámico de estilo de vida. Siempre ha sido así, y por tanto es normal que se aspire y se camine hacia una sociedad más justa. Evidentemente esta necesidad de cambio es usada por la fuerza opositora contra el gobierno y utilizado en su beneficio. Tanto conservadores como demócratas siempre abogan por el cambio cuando están en la oposición. Republicanos en la oposición dicen: "Es la hora del cambio". Y los demócratas dicen lo mismo. Todos los políticos prometen el cambio que mucha gente realmente quiere. Ellos dicen: Nosotros somos ese cambio que la gente anhela. Se disfrazan de cambio por el hartazgo de las personas con el gobierno existente y ofrecen sus propuestas nuevas.

Cuando uno gobierna, en ocasiones hace recortes, flexibiliza despidos, empobrece a la sociedad. La oposición se queja y dice que es inadmisible; cuando entonces la oposición gobierna hace lo mismo y la nueva oposición (anterior gobierno) se queja y denuncia la situación; entre tanto todos sufrimos menos ellos. Esto mismo ha ocurrido con el cambio de gobierno en muchos países democráticos. Si se examinan muchas de las acciones, tanto el gobierno como la oposición han hecho exactamente lo mismo. Mismos personajes de siempre alternándose en el gobierno. Por lo tanto, el cambio que prometen se revela como una falacia. Son los mismos que ya gobernaron hace 4 u 8 años y que han estado en la oposición desde entonces. Ya les conocemos. Muchos de ellos han ocupado cargos políticos durante más de 40 o 50 años. ¿Cómo podemos creer a una persona que habla de cambio cuando él es el de siempre? Ese cambio es una farsa. El cambio sería disolver de una vez el monopolio bipartidista. Ese sería el verdadero cambio. No personas que han hecho de un cargo público un negocio lucrativo con el fin prioritario de enriquecerse, donde además saben que gobernaran de nuevo en 4, 8, u 12 años a lo sumo y seguramente con mayoría absoluta en este último caso debido a un gran desgaste del gobierno existente. Por lo tanto, su negocio está montado de una manera espectacular. Un negocio corrompido disfrazado de concepto justo e inquebrantable, "un monopolio" camuflado detrás de un concepto engañoso como es la DEMOCRACIA. Escudo que protege a todos los corruptos que buscan el poder esclavizando el país que gobiernan, el escudo que dice que todos somos iguales y que el poder es del pueblo. Claramente nos engañan argumentando que el poder es nuestro porque votamos, mientras que los datos señalan que ellos saben de sobra que el poder es suyo y que el pueblo es tan manejable como una marioneta en sus manos.

La presidenta de la comunidad de Madrid en plena campaña electoral por las elecciones autonómicas visitaba asociaciones de amas de casa y ofrecía pastitas y sonrisas a la gente mayor, les decía que con ella sus pensiones están aseguradas y que cuidaría de ellos. Imagínense dando ese discurso a 120 personas jubiladas que cuyo principal anhelo es que no les quiten su pensión. Es un discurso muy fácil. Así se aseguraba un buen puñado de votos. Sin embargo esta señora no se reúne a recabar votos con un grupo de 50 estudiantes en ciencias económicas con un amplio conocimiento en gestión empresarial. Pues aunque ella diga que si, la verdad es que no lo ha hecho. ¿Saben por qué? Posiblemente le sería más complicado de convencer y porque le podrían apretar con preguntas difíciles y situaciones comprometidas. Porque estas personas querrían conocer en detalles como se va a gestionar el país que representa y la pedirían cuentas de en materia de gastos e inversión. Porque quieren escuchar cuales son las políticas de empleo y porque quieren lo mejor para ellos y sus familias y están preparados para valorar quien se lo puede ofrecer.

Por lo tanto y aun sabiendo esto, parece claro preguntarse: ¿Si esta señora puede conseguir 120 votos de manera fácil con unas galletitas porque molestarme en conseguir 50 sudando ríos de tinta donde le van a poner en un aprieto?

El gobierno óptimo.

Aun admitiendo que el cambio es necesario y siendo esto lo que se constata en la calle, el cambio que todo el mundo desea es un gobierno más justo que preserve el bienestar social. Las aspiraciones de cambio van enfocadas a la elección de un buen gobierno y por ende, un punto muy interesante y necesario en el proceso de la elección de gobierno es precisamente definir que es un buen gobierno. Distintos autores han escrito sobre las cualidades que un gobierno debe tener. El politólogo John Gant hace un llamamiento a gobiernos para que actúen con más transparencia. Charles Murray un investigador sénior del instituto de investigación política de Manhattan en su obra *In Pursuit : Of Happiness and Good Government* aboga por un gobierno más descentralizado. Además como hemos visto para mejorar la gestión del país, la corrupción de los gobiernos son objetos de numerosas obras. Es obvio que lo deseable en un primer paso es alcanzar un nivel de corrupción cero en los cargos públicos.

En opinión de la mayoría de los expertos y en particular de los propios gobiernos, la bondad o calidad de un gobierno la dan la toma "correcta" de las decisiones, entendiendo por correcta aquella decisión que viene motivada por el interés general y que favorece a éste. Lo que es claro es que un gobierno no puede no hacer nada. No es meramente decorativo. Debe tomar decisiones, y las decisiones deben de ser las mejores o las correctas, entendiendo como mejores aquellas que logren o preserven la seguridad y el bienestar social y económico en último término de los ciudadanos que representan; o en muchos casos, aquellas que minimicen los efectos de un daño inevitable al país.

Después de estudiar las obras de diversos politólogos se concluye que hay principalmente 3 factores que miden la calidad de un gobierno: La vocación, la preparación y la competencia.

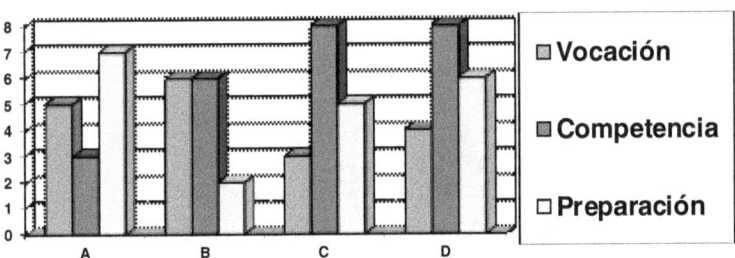

X=Vocación
Y=Preparación
Z= Competencia.

El gráfico ejemplo muestra el nivel de vocación, competencia y preparación de 4 gobiernos (A,B,C,D) cualesquiera.

Para valorar la calidad de un gobierno se podrían consideran más factores, pero es obvio que estos tres son imprescindibles. De manera equitativa en este ejemplo propuesto, se asigna un peso equivalente a cada uno de estos factores; entendiendo que en la evaluación de la capacidad de un gobierno, tiene igual peso cualquiera de estos 3 valores.

La vocación

Peter Raggt es escritor y conocedor de los sistemas educativos de UK En su obra *"Government, Markets and Vocational Qualifications: An Anatomy of Policy "* Raggat lleva a cabo un examen de las decisiones políticas. Aun con un programa de educación vocacional en U.K., ha visto como la política no se ha transformado en crecimiento y bienestar sino que más bien sino que en muchas ocasiones han sido principalmente la clase política la que se ha beneficiado de las decisiones del gobierno. Para Raggar, la necesidad de un gobierno vocacional es indiscutible para que esto no ocurra. Lógicamente la vocación aparece como un valor fundamental. Vocación y corrupción son dos conceptos opuestos y complementarios para medir el grado de implicación de un gobierno con el estado que gobierna. Cuanta más vocación exista en el desempeño de la labor de servir al bienestar de su país, menos corrupción existirá. Entendemos que en una escala (0,10) , 10 es vocación absoluta por servir a su país donde solo prima el interés general del país y no existe ningún interés personal en la labor política y 0 es corrupción absoluta donde no existe ningún interés general y solo prima el interés particular (enriquecimiento personal); por tanto cualquier valor intermedio tendrá una parte vocacional y una parte corrupta (que es probablemente donde están la mayoría de los gobiernos existentes).Además , la toma correcta de decisiones esta indudablemente influenciada por el nivel vocacional. Una decisión 100% vocacional siempre tendrá como fin el interés general de los ciudadanos representados. Una decisión que no tiene en absoluto ningún sentido vocacional sino solo el interés particular, será 100% corrupta y por tanto su único fin no será el interés general sino el particular. Existirán decisiones en las que tanto el interés general como el particular se beneficien pero se entiende que el único motor que debe impulsar la toma de decisiones de un gobierno debería ser el interés general y por tanto vocacional. Cuanto más vocacional, menos corruptas serán las decisiones del gobierno (equivocadas o no) y por tanto son un primer paso que se debe dar por el gobierno que aspira a ser el gobierno de calidad óptima.

La preparación

No parece una necesidad menor que las personas elegidas como gobernantes deben de estar preparadas y formadas para gobernar y servir a su país durante el tiempo que dure la legislatura. La preparación podrá venir de los estudios académicos, cursos, conferencias, etc. y también de la experiencia. Lógicamente alguien que ha gobernado un país, ha ganado experiencia en la toma de decisiones y es normal que algo haya aprendido de esa experiencia, lo que aporta un añadido en la toma de decisiones. Por ello cuando un gobierno se encuentra en la situación donde debe tomar una decisión, debe saber lo que hacer. Debe estar preparado y saber las consecuencias de sus decisiones. Y esta preparación se debe haber adquirido de su experiencia y formación. Entendiendo que la preparación *(prep)* vendrá dado por dos partes igualmente importantes será $prep = \frac{1}{2}\exp + \frac{1}{2}form.$, el índice de medición de la preparación de un gobierno o de un candidato a gobierno.

Siendo *"exp"* la variable que devuelve la experiencia y *"form"* la formación

La competencia

Este factor es posiblemente el menos convencional de los 3 porque seguramente es el que marca la diferencia entre los gobiernos digamos "buenos" en término de preparación y vocación. Esta competencia es la capacidad del gobierno para resolver los problemas y tomar las decisiones correctas en momentos difíciles. Es el factor diferencial que lo debe distinguir de los demás. Es aquella capacidad que demuestra que ante situaciones comprometidas y que requiere una reacción óptima. Es la capacidad innata, siempre impulsada por la vocación en donde se resuelven las situaciones difíciles de la mejor manera. En muchas profesiones vocacionales existe esta competencia. El cirujano aplica o innova un método que no estaba en los libros para operar y sanar al paciente cuando estaba totalmente perdido. El profesor que consigue sacar del alumno. Esa capacidad de hacer bien tu trabajo, no siempre siguiendo las recetas establecidas; y lógicamente, la competencia es imposible sin vocación ni preparación, ya que una persona que no tiene preparación médica ni vocación, aunque tenga una capacidad potencial de toma de decisiones correctas, no podrá ser competente como médico mientras que no tenga esos dos valores. Solo con la vocación tampoco seremos competentes porque necesitaremos el conocimiento sobre el que basar nuestras decisiones. Y solo con la preparación, seremos capaces de aplicar las recetas del libro pero sería muy complicado disponer de esa capacidad de hacer nuestro trabajo correctamente que viene impulsada por la vocación de servir a nuestros ciudadanos. Lo más interesante es que si bien la vocación y la preparación son imprescindibles para ser competentes, su existencia no siempre garantiza que se sea competente. Y ese es el factor diferencial.

Seguro existirán muchos médicos con vocación y preparados, pero quizá con poca competencia para tomar decisiones ante situaciones difíciles que se escapan del guión. Por eso, si bien la preparación y vocación son imprescindibles para ser competentes, se necesita esa capacidad que realmente marca la diferencia entre un buen gobierno y el gobierno de calidad óptima.

Por tanto, entendiendo que los 3 valores son igualmente importantes (vocación (x), preparación (y), competencia (z)) podemos establecer la siguiente estimación en la calidad del gobierno:

$$F(x, y, z) = \frac{1}{3}x + \frac{1}{3}y + \frac{1}{3}z$$

Como se ha dicho, la competencia dependerá en buena medida de los dos anteriores, con lo que se puede definir la competencia como una función con la vocación y preparación como variables. Además también se debe tener en cuenta al factor relación entre corrupción y tiempo. El nivel de corrupción de un gobierno puede incrementarse en relación con el tiempo en el que un gobierno ha estado en el poder. Por lo que si bien la experiencia aporta un valor añadido a la preparación, también es claro que cuanto más tiempo se gobierne mas se incrementa el nivel de corrupción. Se ha observado que gobiernos que han permanecido en países más de 20 años, han demostrado un nivel de corrupción altísimo que ha terminado por esclavizar al pueblo para sus intereses personales.

Esto sugiere que el nivel de preparación aumenta en base al tiempo en el gobierno (experiencia) pero el nivel vocacional a tiende a reducirse con el paso del tiempo por aumentar la corrupción. Entendemos que la relación entre la corrupción y el paso del tiempo de manera generalizada es lineal para algunas de las sociedades, siendo posiblemente cuadrática o exponencial en sociedades subdesarrolladas (aunque esto lógicamente sea discutible y variable en función de las personas que componen el gobierno). Un ejemplo para una progresión de la experiencia y corrupción de un gobierno frente al tiempo sería la definición de las funciones Exp(t) y Voc(t) cada una midiendo el nivel vocacional y experiencia de un gobierno particular "A" en función del tiempo:

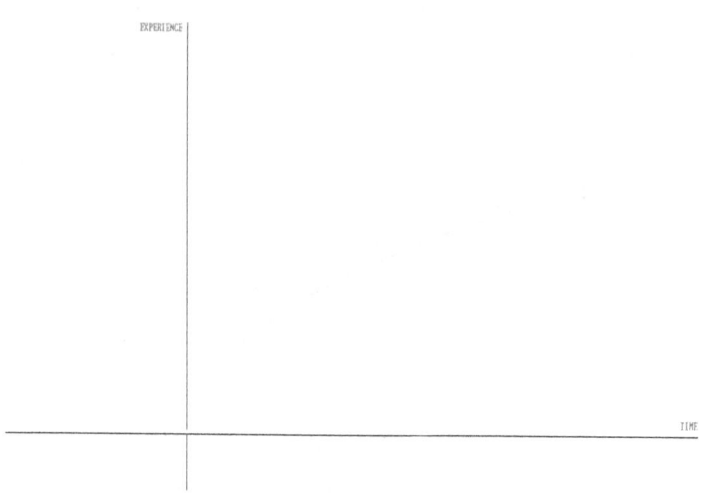

Fig. 1 Función Exp(t) la experiencia aumenta linealmente en función del tiempo (t) años en el cargo. Experiencia del gobierno (A)

Sin embargo, parece lógico pensar que con el tiempo la corrupción también incremente. Prueba de ello, son los gobiernos que han estado durante muchos años en el poder han degenerado en corrupción extrema y por tanto su nivel vocacional se ve disminuido. La gráfica muestra como la vocación decrece suavemente a medida que va transcurriendo el tiempo en un gobierno cualquiera. Dependiendo de la sociedad, quizás la vocación pudiera incluso aumentar más con los primeros años de y su disminución podría ocurrir a largo plazo o quizás la vocación decrezca más rápido, aunque en líneas generales los gobiernos que han estado mucho tiempo en el poder siempre han mostrado casos de corrupción a lo largo del tiempo

Fig.(2) La corrupción aumenta cuanto más tiempo en el poder, y por tanto el nivel vocacional merma. VOC (t)

Finalmente definimos la función de competencia de un gobierno COMP(x,y,s), porque la competencia depende de la vocación(x), la preparación(y) y de la capacidad innata de la toma de decisiones correctas(z)

Luego aceptamos que:
Sin nada de vocación la competencia es 0

Sin nada de preparación la competencia es 0
Sin ninguna capacidad en la toma de decisiones la competencia es 0.

Aceptamos también que estos 3 valores influyen de igual manera la competencia del gobierno existente.

Por tanto una manera de definir función COMP:

$$COMP(x,y,t) = \begin{cases} 0 & x=0 \vee y=0 \vee t=0 \\ \dfrac{1}{3}x + \dfrac{1}{3}y + \dfrac{1}{3}z & x=0 \wedge y=0 \wedge t=0 \end{cases}$$

Por tanto, concluimos que al evaluarse la calidad de cualquier gobierno se podría hacer con funciones de similares características a COMP, VOC, PREP

Por ejemplo. Supongamos un gobierno 'A' con personas que han estado algunos años en el poder (exp, valor medio), con una gran formación política (form, valor alto). Con unos privilegios muy pequeños o casi nulos con sueldos medios y sin ningún caso de corrupción al descubierto (voc, valor alto).

Además, se ha visto que incentivos por su parte han reactivado la economía y han supuesto una mejora social en muchos casos (comp, valor alto) , siguiendo este criterio, este gobierno obtendría una nota alta cercana a la máxima.

Sin embargo, podemos evaluar a un gobierno 'B' cuyos miembros se han lucrado (voc valor bajo), que no tienen apenas preparación política (prep valor bajo) y que no han demostrado que sus decisiones hayan ayudado a la ciudadanía. Más bien la han empobrecido. Se han visto casos donde gobiernos han elevado mucho su nivel de déficit público y privado sin derivar en un crecimiento económico. En ese caso su nota al sustituirla en los parámetros, sería bastante baja. (comp, valor bajo)

A continuación se describe una posible propuesta de método de evaluación de la calidad de un gobierno:

1.	Se estudiaría el tiempo que ha estado en el cargo:

En base a eso la experiencia incrementaría y el nivel de corrupción también

2.	El nivel de formación política:
	Titulación,	formación,	cursos, conferencias.

3.	Casos de corrupción conocidos, beneficios y privilegios concedidos a cargos del gobierno

Con estos 3 puntos sería posible evaluar:

•	La preparación: (Experiencia y formación)
•	Vocación(tiempo en el cargo, casos de corrupción)

4.	Capacidad innata de resolución de problemas y creación de directivas que han demostrado su eficacia.

Con los 3 primeros ya es posible evaluar los parámetros ("Preparación", "Vocación") y a partir de ellos y de este 4° punto sería posible inferir el parámetro "competencia".

Al final CAL (COMP, VOC, PREP) devolvería el índice de calidad de gobierno.

Para maximizar el valor de calidad, los valores COMP, VOC, PREP tienen que ser maximizados también. Sin embargo, tal y como lo hemos definido, al incrementar mucho el nivel de experiencia, la vocación decrece.

Con lo que F alcanzará los máximos valores, cuando los gobiernos estén muy formados, tengan algunos años de experiencia, no presenten casos de corrupción ni haya obtenidos beneficios de su cargo, por último, necesitarían demostrar que sus acciones han beneficiado al país que representan.

Entre el primer gobierno preparado 'A' y el segundo 'B', puede haber muchos intermedios. Aunque claramente esta definición de funciones para medir la calidad de los gobiernos es solo una propuesta, parece lógico que pueden ser un buen punto de inicio para evaluar la gestión de un gobierno al mando de un país.

Gobierno equivocado

La pregunta que podemos hacernos es: ¿Qué es un gobierno equivocado?. Lógicamente, cualquier gobierno que no sea el óptimo, será un gobierno equivocado. El hecho de no tener un gobierno de calidad es un lujo que las naciones no se pueden permitir. Sin embargo en esta sección vamos a ver con una demostración informal usando principios estadísticos como generalmente las sociedades siempre escogen gobiernos equivocados. Si esto es así, como veremos en la demostración, cabe preguntarse entonces, porque existen gobiernos equivocados y porque los elegimos.

Manipulación mediática.

Una posible explicación para la existencia de gobiernos equivocados es la falta de información imparcial que los medios de comunicación ofrecen. Esta información es, en último término, controlada y manipulada por los grandes partidos y grandes corporaciones. Es bien sabido lo fácil que cualquier noticia puede ser manipulada para hacer que aparezcan diferente a la realidad. En el caso que nos ocupa, dicha información aparece de la manera que las grandes corporaciones y el gobierno quieren y, de esta manera, el círculo bipartidista se establece firmemente ya que los pequeños grupos que no tienen vínculos con los grandes medios de comunicación. Por tanto los grupos minoritarios no tienen oportunidades reales de presentarse a los votantes. El resultado es que la sociedad sufre una información adulterada por los poderosos que controlan los medios.

Noam Chomsky es profesor en el Instituto de tecnología de Massachusetts en el departamento de lingüística y filosofía, Boston. Miembro de la academia de ciencias americanas ha publicado un amplio número de libros sobre política e intereses gubernamentales. En *"Media Control, Second Edition: The Spectacular Achievements of Propaganda"*, Chomsky explica que EEUU sufre una democracia donde la masa es manipulada con propaganda difundida a través de los medios de comunicación. Chomsky afirma que la propaganda es el mazo del estado totalitario. Incluso indica que es posible y relativamente fácil convertir una sociedad pacífica en otra histérica solo con el uso de la propaganda y pone como ejemplo el caso en el que el gobierno convenció a muchos americanos apoyar la guerra contra IRAK con propaganda.

Si Chomsky esta en lo cierto, mientras tengamos una sociedad poco preparada y desinformada, los medios manipularán más los votos hacia los partidos mayoritarios. Claramente, a día de hoy el estado de la ciudadanía es fácilmente manipulable y los gobiernos lo saben.

Siempre elegimos el gobierno equivocado. Demostración

Igual que cuando tenemos una avería en casa, nos gustaría tener el mejor técnico, a veces con un técnico mediocre, hasta corrupto, puede que nos solucione la avería. Un gobierno mediocre y corrupto dependiendo de las circunstancias y los fondos que la nación tenga puede hacer que la sociedad mire relativamente a otro lado si las cifras cuadran, pero ¿Por qué tener al mediocre y corrupto aunque las cosas vayan bien si podemos tener el óptimo?

Al igual que cuando la avería en nuestra casa es seria y complicada, necesitamos un técnico de calidad, ya que el mediocre puede no servir e incluso puede empeorarla. Cuando las cosas se ponen serias en un país, por las crisis financieras y sociales, es indudable que necesitamos al mejor gobierno posible, el más preparado, el menos corrupto, el más vocacional y el más competente..

Esta sección muestra que tal y como está la sociedad actual, la posibilidad de elección de un gobierno mediocre y corrupto es cercana al 100%, es decir, prácticamente nunca elegimos el mejor gobierno posible de todos los candidatos reales posibles, con lo que siempre nos conformamos con el mediocre de turno que tiene los suficientes contactos influencias, y apoyo de los medios de comunicación para llegar hasta el puesto. Por ello, cuando el país tiene problemas, los gobiernos mediocres y poco preparados pueden hacerlos todavía más grandes, con guerras inútiles, o empeorando un desastre financiero.

Lógicamente, decir que generalmente siempre escogemos el gobierno equivocado es relativamente fácil. Esta afirmación, como muchas podrá ser compartida por muchas personas. Otras posiblemente no. Sin embargo, cuando la afirmación la soportan números, teoremas y leyes matemáticas, el número de personas que la comparte posiblemente aumente. Naturalmente, todo en esta vida está sujeto a debate hasta que los números dictan sentencia; por eso cuando una afirmación la sostienen números y estudios, es mucho más fuerte y creíble y por eso las matemáticas es una ciencia fiable. La demostración usada a continuación esta expresada en un lenguaje coloquial para el mayor entendimiento posible por las personas que no están familiarizadas con los conceptos formales en matemáticas.

Ciertamente, aunque matemáticos consideren que existe una falta de rigor, la intención, como siempre en este libro, es mostrar que efectivamente existe un gran problema en la elección de gobiernos y que es prácticamente imposible que el gobierno óptimo ocupe el poder debido a nuestra capacidad de elección.

Estudiemos esta aseveración:

"Las sociedades democráticas eligen generalmente un mal gobierno"

Se entiende por mal gobierno, aquel que no es el mejor para gobernar el país en términos de vocación, preparación, profesionalidad y competitividad. Aquel que no sepa preservar el bienestar de su país, que no gestione los recursos de manera óptima y que su principal motivación no sea servir a su país y sino su beneficio personal.

Para demostrar esta afirmación, es necesario ayudarse de principios axiomáticos. Estos sin usados en muchas demostraciones matemáticas para ir construyendo de una manera lógica y estructurada los principios que demuestran el enunciado. Coloquialmente hablando, los axiomas son enunciados verdaderos en cualquier mundo posible, bajo cualquier interpretación posible, con cualquier asignación de valores posibles.

Algunos ejemplos de axiomas.

"El todo es mayor o igual que cualquiera de sus partes",
"Cualquier enunciado universal o es falso o es verdadero",
"Un numero o es par o es impar"
"El año tiene exactamente 4 estaciones".

Sin los axiomas no se podría demostrar nada. Son la base de todos los principios teóricos. Por ejemplo, si alguien dijera: "Estamos en la 5° estación del año". Inmediatamente diríamos que esa afirmación es falsa, basado en el axioma de que un año tiene exactamente 4 estaciones, por lo tanto la 5° nunca puede existir.

Para demostrar la afirmación formulada en este apartado, tenemos también que aceptar dos axiomas como verdaderos. Por supuesto que sin estos axiomas la afirmación no se puede demostrar y siempre caeríamos en el terreno subjetivo.

Axioma 1: "Una persona con poca o ninguna formación política tiene una probabilidad baja de votar por el mejor gobierno de todos los posibles gobiernos candidatos".

Axioma 2: "En la sociedad actual en la que vivimos, la mayoría de las personas no reciben una buena formación política"

Quien piense que estos enunciados son falsos ya no aceptará la hipótesis que queremos demostrar. Sin embargo, quien acepte estos hechos como verdaderos puede seguir este análisis.

Dentro del campo de gestión de riesgo en la toma de decisiones, el riesgo se puede clasificar en 3 categorías principales. (Bajo, Medio, Alto). La probabilidad se puede clasificar de la misma manera. Para este problema, la clasificación cae en las siguientes categorías: Si la probabilidad de un evento es 0,5 (50% del evento se produce) el evento tiene una probabilidad de nivel medio. Cuando la probabilidad es = 0,4, entonces se puede definir como medio-bajo y si es igual a 0,3 lo definiríamos como bajo. Siguiendo esta lógica, 0,6 significaría medio-alto, 0,7 se podría entender como alto y los valores (0,8) y (0,9) se considerarían alto y muy alto.

Con estas definiciones, estamos en condiciones de establecer la siguiente aseveración basándonos en el axioma 1.

"Una persona con poca o ninguna formación política tiene una probabilidad menor de 0,3 de votar por el mejor gobierno de todos los posibles gobiernos candidatos".

Para seguir el desarrollo nos centramos ahora en una persona al azar. Queremos saber que probabilidad existe que una persona al azar de la que no sabemos nada, elija el mejor gobierno posible de entre todos los candidatos. Para resolver esto podemos apoyarnos en enunciados y leyes matemáticas como es el *Teorema de la probabilidad total.*

Para ello se definen los siguientes sucesos

Suceso C=*"Ciudadano vota por el mejor candidato a gobernar"*
Suceso -(C)=*"Ciudadano no vota por el mejor candidato a gobernar"*
Suceso A=*"Persona está poco formada en asuntos de gobierno."*
Suceso –(A)=*"Persona esta adecuadamente formada en asuntos de gobierno"*
Suceso C/A=*"Ciudadano vota por el mejor candidato a gobernar sabiendo que esta poco preparado"*
Suceso C/(-A)=*"Ciudadano vota por el mejor candidato a gobernar sabiendo que esta adecuadamente preparado"*

El *Teorema de la Probabilidad Total* afirma:

Supongamos que A_1, A_2 ,... , A_n son Sucesos incompatibles dos a dos cuya unión es el espacio muestral E. $(A_1 + A_2 + ... + A_n = E)$.

Sea C otro suceso cualquiera del espacio muestral.

Resulta que:

$$p(C) = p(A_1) \cdot p(C/A_1) + p(A_2) \cdot p(C/A_2) + ... + p(A_n) \cdot p(C/A_n)$$

En nuestro caso el suceso A1 se corresponde con A y A2 con (-A)

Es evidente entonces que las siguientes probabilidades condicionadas se definen como:

- $P(C/A) = P$ *("ciudadano vota por el mejor candidato para gobernar condicionado a que el ciudadano esta poco formado en asuntos de gobierno ")* = 0,2 (baja o muy baja)

- P (A) = *P ("ciudadano está poco formado en asuntos de gobierno.")* = 0,9 (muy alto)

- P (C / -A) = *P ("ciudadano vota por el mejor candidato para gobernar condicionado a que el ciudadano tiene la formación adecuada")* = 0,7 (alto o muy alto)

- P (-A) = P *(ciudadano está adecuadamente formado en asuntos de gobierno ")* = *1-P(A)=1-0.9=0,1 (baja o muy baja, aceptando que solo el 20% de la población recibe una buena y adecuada formación política)*

Mediante el uso de estos números en la fórmula se establece que:

$$P(C)=(P(C/A)\times P(A))+(P(C/-A)\times P(-A))=(0.9\times 0.2)+(0.1\times 0.7)=0.25\Rightarrow$$
$$P(-C)=1-P(C)=1-0.25=0.75$$

Aceptando los axiomas como validos, obtenemos que la probabilidad de que un ciudadano cualquiera elegido al azar vote por el mejor gobierno, sea aproximadamente 0.25. O lo que es lo mismo una probabilidad de 0.75 de elegir un gobierno incorrecto.

Esta cifra, aunque representativa, no se puede considerar un medidor real en una población de pocos habitantes. Por lo que el hecho de tener esta probabilidad realmente no aporta nada de valor. Sin embargo, nuestro sistema democrático se aplica en países de varios millones de habitantes. En este caso, las estimaciones estadísticas si tienen una gran importancia debido a *las leyes de los grandes números.*

Estas leyes enunciadas por Simeón Denis *Poisson* matemático de principios del siglo XIX, mostraban que la probabilidad teórica de un suceso se hacía más "real" en la medida de que el número de sucesos aumentara.

Para entender el concepto "real", se ilustra el siguiente ejemplo: Sabemos que al lanzar una moneda sin defectos al aire tiene un 50% de posibilidades de que sea cara o cruz. Por lo tanto si lo lanzamos 2 veces, aunque en teoría tiene sentido obtener la mitad (1) cara y la otra mitad (1) cruz, podríamos también obtener 2 caras o 2 cruces. Sin embargo si aumentáramos el nivel lanzamientos, (Digamos varios millones de veces) Los resultados se irían aproximando a una obtención próxima de mitad de caras y mitad de cruces. En teoría, con un número infinito de lanzamientos obtendríamos exactamente la mitad de caras y la mitad de cruces. Lógicamente, nunca haremos un número infinitos de lanzamientos, pero hallar el límite cuando la muestra de sucesos tiende a tener infinitos ensayos nos sirve para inferir el comportamiento de los sucesos a medida que la población aumenta.

Supongamos que tenemos n monedas.

Queremos saber Cual es la probabilidad de obtener exactamente n/2 caras y n/2 cruces.

Llamemos A al suceso *"Obtener exactamente n/2 caras y n/2 cruces al lanzar una moneda n veces"*

Para saber exactamente la probabilidad obtendríamos los casos favorables entre casos posibles. Casos favorables serían las combinaciones de n monedas tomadas de n/2 en n/2 es decir $\binom{n}{n/2}$ dividido entre los casos posibles. Variaciones con repetición de dos elementos (cara y cruz) tomados de n en n. Por tanto, la probabilidad de obtener n/2 caras y n/2 cruces en n lanzamientos de una moneda es exactamente:

$$P(A) = \frac{\binom{n}{n/2}}{2^n} = \frac{\frac{n!}{\left(\frac{n}{2}!\right)\cdot\left(\frac{n}{2}!\right)}}{2^n} = \frac{\frac{n\cdot(n-1)..((n/2)+1)}{\frac{n}{2}\cdot\left(\frac{n}{2}-1\right)...1)}}{2^n} = \frac{n\cdot(n-1)..((n/2)+1)}{2^n\cdot\left(\frac{n}{2}\cdot\left(\frac{n}{2}-1\right)...1\right)}$$

A medida vamos aumentando la muestra de monedas, "n" iremos obteniendo un número más equilibrado de caras y cruces. Lógicamente si una moneda no tiene defectos al lanzarla 1000 veces, es prácticamente imposible que obtengamos 1000 caras o 1000 cruces. Las leyes de los grandes números nos dicen que en este caso, la proporción de de caras y cruces se va haciendo más equilibrada a medida de que aumentamos el número de lanzamientos. Si lanzáramos 10.000.000 de veces nos iríamos aproximando a un número más equilibrado de caras y cruces; es decir más próximo a 5.000.000 de caras y 5.000.000 de cruces. O lo que es lo mismo, la probabilidad de tener una distribución equilibrada de caras y cruces aumentaría.

Para el caso que nos ocupa, aplicamos estas leyes en un país mediano–pequeño de 10.000.000 de votantes, el número de personas que, según las leyes de los grandes números, elijen un gobierno equivocado sería un valor relativamente próximo a 7.500.000, ya que, como hemos visto anteriormente, la probabilidad de una persona al azar de votar por el gobierno equivocado es aproximadamente 0.75. Votos directos a un gobierno equivocado que en general decidirá unas elecciones e incluso podría fácilmente dar la mayoría absoluta a un mal gobierno.

Realmente cualquiera que observe el modus operandi de los gobiernos existentes puede efectivamente pensar que los resultados concuerdan con el análisis y que los gobiernos no parecen ser los ideales. Más que ideales parecen todo lo contrario. La influencia de los medios juega un papel muy importante debido a que, con el suministro de información pueden manipular fácilmente a las personas poco preparadas, y es por ello que suelen ser los partidos principales bipartidistas aquellos que controlan los medios y por tanto aquellos que influencian a los votantes menos formados.

Por tanto, a partir de estos principios axiomáticos, hemos sido capaces de demostrar que **generalmente, elegimos el gobierno equivocado**.

Esta afirmación es realmente importante en una sociedad democrática. Al ser siempre el gobierno equivocado el que sale electo, es decir, aquel que no está más preparado, ni el más vocacional y ni el más competente, es lógico pensar que esta puede ser la raíz de muchos de los problemas que sufrimos. Y algo más grave, al hilo de lo que comentaba Coeller, si los candidatos se dan cuenta que no necesitan ser vocacionales, competentes y estar preparados para ganar unas elecciones, la vocación, la competencia y la preparación serán cualidades que no se tendrán en cuenta, y los corruptos, poco competentes y poco preparados podrán acceder a estos cargos echando mano de conexiones contactos e influencia mediática. Aunque lo más grave de todo esto, es que los candidatos competentes preparados y motivados por la vocación no tendrán ninguna oportunidad de acceder a estos cargos, privando a los países de los gobiernos óptimos y privándolos de gobiernos decentes.

Y. de nuevo, y esto es probablemente lo más importante, si se admite que los grandes bancos y las grandes empresas influencian en gran medida a los gobiernos y estos tienen un pequeño margen para tomar medidas, tomar decisiones y proteger a todos contra el abuso de los primeros, entonces no puede permitirse el lujo de tener un representante mediocre. Necesitamos a los mejores ya que sus tareas van a ser muy duras. De igual modo que nos rebelamos a los gobiernos con nuestros votos, aquellos pueden rebelarse a las instituciones poderosas con sus acciones y políticas. Ellos nos representan, representan todos nuestros derechos, y necesitamos que nos protejan cuando los intereses de los ciudadanos estén en conflicto con el de las grandes corporaciones que tienen ya la mayor parte del control. Es por eso por lo que dichas instituciones financian y donan a los candidatos a gobierno, (para garantizar su control sobre ellos y por ende sobre todos nosotros).

Flujo de control

A continuación podemos ver un ejemplo de lo que probablemente es el flujo de control de la sociedad en que vivimos:

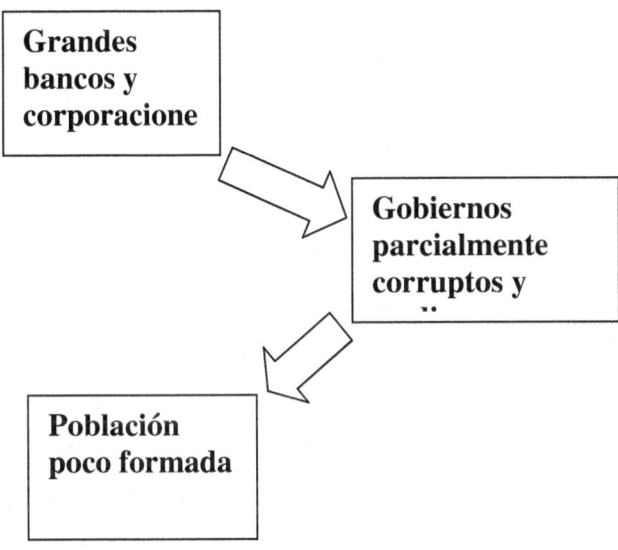

Fig. 3 Flujo de control

Grandes corporaciones y bancos controlan los gobiernos mediocres y estos controlan a la población. A los gobiernos les interesa mantener a la población poco formada para asegurarse un mayor control.

Hacia el gobierno óptimo

En la sección anterior, de una manera coloquial y entendible por cualquier lector, se ha demostrado informalmente que elegimos el gobierno equivocado dando por supuesto que la sociedad no está correctamente formada. Ahora bien, ¿Qué ocurriría si el electorado estuviera debidamente formado? ¿Si diera el paso hacia un training político? ¿Si superara las pruebas de evaluación de competencia en la elección de gobierno? En otras palabras, ¿Qué ocurriría si los votantes estuvieran preparados debidamente en los asuntos en los que un gobierno tiene que trabajar?

Si tenemos en cuenta los siguientes eventos P y Q:

Evento P = {Votantes no están formados políticamente}
Evento Q = {El gobierno electo es un mal gobierno}

Esto es lo que hemos sido capaces de demostrar:

$P \Rightarrow Q$. Que en Lógica significa que el predicado P "implica" predicado Q; es decir los votantes sin educación política eligen generalmente gobiernos equivocados o mal gobiernos.

Lo que es necesario demostrar ahora es lo siguiente:

$Q \Rightarrow P$. Es decir que cuando los malos gobiernos se eligen es porque necesariamente los votantes no están correctamente formados. Si esto se prueba, podemos estar seguros de que los gobiernos equivocados sólo son elegidos por las sociedades donde no se ha impartido una correcta preparación política; esto muy importante, porque al demostrarlo, automáticamente se demuestra la equivalencia entre sociedad preparada y elección optima de gobierno.

Veamos.

De nuevo en lógica $Q \Rightarrow P = \neg P \Rightarrow \neg Q$ .significando que los electores correctamente preparados y formados $\neg P$ elijen gobiernos óptimos (no mediocres) $\neg Q$

Axioma1: "Una persona con mucha formación política tiene una probabilidad alta de votar por el mejor candidato a gobierno".

Del mismo modo que un fontanero experto tiene mucha probabilidad de detectar la avería en una cañería y uno que apenas se ha formado tiene una probabilidad baja de solucionarla.

Axioma 2: "Una vez se forma correctamente a los votantes, estos están preparados".

Para tomar este principio axiomático como verdadero, es necesario asegurar que la formación es la apropiada. Una formación relativamente exigente que pruebe que quien la reciba estará preparado para decidir. Si un votante se forma correctamente, se acepta que la probabilidad de votar por el gobierno óptimo de todos los representantes es alta o media alta, (0.6 o 0.7):

Para ello se enuncia el tercer axioma:

Axioma 3: "En nuestro caso, la elección del gobierno correcto, la probabilidad media-alta o alta es aquella mayor que 0,6".

Aplicando las leyes de los grandes números de nuevo se infiere lo siguiente:
De cada 1.000.000 de votantes, muy posible que más de 600.000 votarían por el mejor gobierno. Estos números garantizarían una elección del gobierno de mayor calidad de entre los existentes. Por tanto, de esta demostración informal, podemos extraer una

conclusión que es clave. Cuanta más formación política tenga la ciudadanía, mas calidad tendrá el gobierno electo y viceversa: Cuanto menos formados este el electorado, menos calidad tendrá el gobierno elegido. Por tanto en términos gráficos, podríamos representar la evolución de la calidad de los gobiernos elegidos en función de la formación y preparación de los electores. La gráfica representa un crecimiento lineal, aunque bien pudiera ser cuadrático o incluso exponencial dependiendo de la sociedad existente.

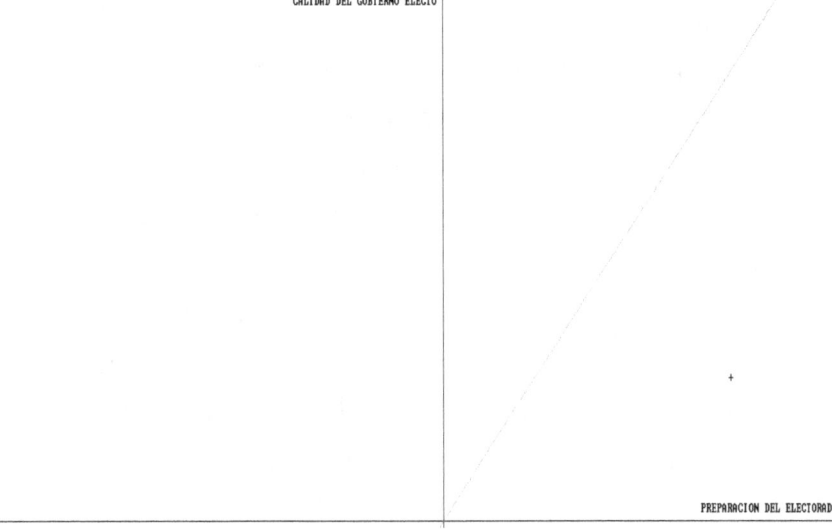

Fig. 3. La calidad de los gobiernos electos crece si la preparación de los electores aumenta y decrece si la preparación del electorado disminuye.

Estos números y gráficos que siempre son estimaciones pueden dar una idea de la verdadera raíz del problema. Parece claro ahora pensar que si a los políticos los considerásemos de una vez los síntomas de una sociedad enferma, en vez de la causa, podríamos dar un paso hacia la curación de este modelo social enfermo.

Si pensamos que efectivamente la sociedad la hemos construido todos nosotros, parece lógico creer firmemente que no podemos evadir nuestras responsabilidades. Una de ellas es como tal prepararnos para elegir los mejores gobiernos o al menos dejar que elijan aquellos conciudadanos que si se quieren prepararse. El beneficio social a corto plazo claramente debería marcar una diferencia hacia la cura de la situación actual.

Volvamos al ejemplo de lo que la persona poco formada, mayor de 18 años con la nacionalidad correspondiente al país que reside. Supongamos que esta persona además de ninguna formación, no tiene interés por las cuestiones y decisiones que un gobierno debe tomar. Tampoco sabe nada de las propuestas. No se ha leído nada sobre ellas. Sabe sin embargo que el partido socialista/demócrata o liberal tiene ideología izquierdista y el partido conservador o republicano tiene ideologías de derecha y no sabe nada mas de ningún otro partido político que se presenta a las elecciones, ya que los medios de comunicación que mas llega al público solo muestran los discursos debates e imágenes de los dos mayoritarios.

Supongamos que se presentan 20 partidos candidatos a las elecciones.

Al no estar preparado, ni formado ni interesado en estas cuestiones, podemos establecer que la probabilidad de que elija un gobierno poco preparado para dirigir su país es alta y también bastante alta de que, si decide votar, elija uno de los dos partidos mayoritarios que son los que dominan los medios ya que recibe poca o ninguna información de otros candidatos con diferentes propuestas. Si miramos a nuestro alrededor, de nuevo, aparece eso en más o menos medida en la actualidad. Por esto, posiblemente el bipartidismo sea una realidad provocada por la poca formación y preparación del electorado donde el criterio de votar al poderoso menos malo impere, debido a una manipulación de los medios controlados por los dos partidos mayoritarios. Podemos entonces pensar de nuevo, que cuando esa persona esté formada, preparada y cualificada para votar, sería mucho más difícil de manipular por los medios y los discursos vacíos demagogos e hipócritas de los dos partidos mayoritarios no les afectaría en la misma medida. Además seguramente esta persona se buscaría de entre los candidatos, la mejor opción sin dejarse influenciar por la presión mediática y en base a su conocimiento.

Según se va analizando, va emergiendo esta la realidad de problema.
La necesidad de formar a la población es enorme si queremos una sociedad más justa. **Como se ha demostrado en este apartado, el enlace entre la población preparada y la calidad de gobiernos es bidireccional y unívoca, es decir, en términos matemáticos: "si y sólo si". Esta es la equivalencia. Existirán gobiernos óptimos si y sólo si los votantes están debidamente capacitados.** Quizá sea triste, pero **esta**

bidireccionalidad significa que no hay otro camino. Todas las soluciones a los problemas tienen la formación de la población como clave de cambio. **El enlace bidireccional establece que cualquier otra alternativa no funcionará sin formación. Formar a los votantes debe ser parte de la solución y cualquier otra solución que no tenga en cuenta ningún tipo de formación degenerará y no funcionará; por tanto el resultado del análisis es concluyente.** Es importante hacer hincapié en que los gobiernos y las instituciones poderosas pueden darse cuenta de lo peligroso que es para ellos tener un número de electores capacitados. Por lo tanto, se espera que el cambio a un electorado más capacitado nunca sea promovido por los medios que están controlados por los poderosos. Para los gobiernos y grandes corporaciones es perfecto que no estemos muy preparados para no complicarles la vida.

Hasta aquí podemos decir que el verdadero problema ha sido detectado. Y esto es bueno; lo que es aún mejor es que se puede encontrar una solución para el problema; pero lo mejor de todo es que se puede encontrar la manera de implementar esta solución en la sociedad. Llevar esta solución a la realidad puede ser la parte más difícil, pero en la sección *"formación electoral"*, veremos que es muy posible. Por tanto, la última meta que la sociedad se debe marcar sería tener un escenario como este:

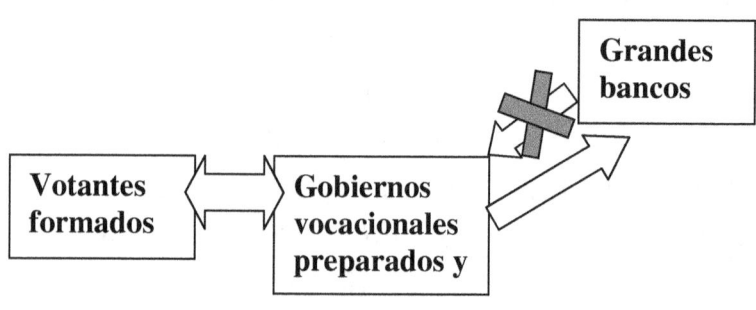

Al final, la población a la que se ha dado una formación adecuada sería la que controla el gobierno mediante las elecciones después de un proceso de evaluación metódico. Entonces este gobierno sin duda sería capaz de controlar y proteger a la población de posibles abusos de una manera más profesional que la actual. Más adelante en este libro, estas ideas se muestran en detalle para una mejor comprensión

Quitar la imagen falsa de la democracia

Hasta aquí lo expuesto apunta a que el sistema de elección es el que perpetúa a los gobiernos corruptos y mediocres. Si esto es cierto, parece lógico pensar que hasta que éste sistema de elección no cambie, la situación seguirá exactamente igual.

Como se ha apuntado anteriormente, el movimiento de indignación del 15 de Mayo de 2011 (Occupy Wall Street) empezó con mucha fuerza en contra de la clase política. Sin embargo hubo elecciones autonómicas el 22 de Mayo en España y ganó uno de los dos partidos mayoritarios de manera apabullante. También el 15 de Octubre del mismo año de nuevo ciudadanos en las principales ciudades del mundo salieron a la calle indignándose por la situación actual. La energía de cambio del Occupy Wall Street en su origen fue indudablemente fuerte. Fue el espíritu de querer cambiar las cosas. Este movimiento masivo de indignados supuso una gran noticia. No solo las gentes de Madrid se indignaban. Existían grupos de indignados en Atenas, Roma, Londres y Nueva York. Incluso el presidente Obama hacía mención a las protestas apreciando el espíritu de lucha del pueblo aunque sin demonizar a todo Wall street. La gente se sentía parte de algo. Parte de un cambio. Una injusticia total y absoluta ante la explotación de familias de la clase media en beneficio de la banca y gobiernos que recaudan y administran los fondos públicos.

El movimiento centraba a políticos, banqueros y grandes corporaciones. Querían un cambio. Ellos decían: esta democracia no. Este sistema no.

Los políticos a su vez culparon a los banqueros corruptos y codiciosos y los ejecutivos de las grandes corporaciones, así como los especuladores poderosos. Por otro lado, algunos banqueros, como el presidente de BCSH acusaron a los gobiernos, ya que son los que toman las decisiones y crean las leyes; de nuevo una vez más, culparse entre ellos cuando ninguno de ellos sufre las consecuencias, y cuando irónicamente, a los que nadie echa la culpa (la clase media), son los que lo sufren.

Y entonces nos toca a nosotros actuar. ¿Qué hacemos? Muchos convocan protestas e inician movimientos en masa. Estos son claramente una gran fuente de energía, que está fuera de toda duda, y está claro que es una buena acción si se quiere cambiar; sin embargo, podemos preguntarnos ¿Esta energía va en la dirección correcta para un cambio efectivo? ¿O se estrella con un gran muro inquebrantable? ¿Atacamos a la raíz o sólo nos centramos en los síntomas? Hasta ahora los resultados no han sido muy prometedores. Las elecciones están siendo ganadas por las mismas personas, los mismos partidos y los mismos rostros. Las propuestas claramente son muy energéticas ya que la gente exige un cambio en la gestión, una mayor transparencia, menor corrupción, mayor protección, menores subidas de impuestos, etc., etc. Hay muchas ideas que se combinan para lograr una mejor manera de vivir y la presión a la que someten los gobiernos es alta. Sin embargo es notorio ver que la presión sigue centrándose claramente en los síntomas una y otra vez de la misma manera que la medicina tradicional trata las enfermedades incurables: Se combinan dosis de distintos fármacos para aliviar los síntomas y así retrasar la progresión de la enfermedad; de esa manera se da más calidad de vida a los pacientes. Sin embargo, el paciente no se curará y la enfermedad progresará mientras que la cura no se descubra. O como cuando queremos limpiar el suelo. Gastamos mucho dinero y tiempo en la búsqueda de los mejores productos de limpieza. Los combinamos para obtener una forma más fuerte de la limpieza, pensando que esta combinación de productos nos garantizará un suelo muy limpio. Sin embargo, pasamos por alto la base, no miramos el agua que utilizamos para la limpieza; y por desgracia el agua está muy sucia. Después de tratar de limpiar el piso, vemos que los resultados no son buenos, y el suelo está todavía muy sucio, por lo que nos enojamos y pensamos que podemos utilizar otros productos para limpiarlo. Alguien tiene que señalar con el agua. La atención a los productos distrae la verdadera razón de la suciedad. Si el agua está limpia, no tendríamos que utilizar el producto de limpieza más potente, bastaría con alguno de buena calidad para obtener buenos resultados. En nuestro caso, el sistema de elección es el agua podrida que no vemos, y lógicamente es urgente cambiarla.

En el caso de los movimientos de indignación, después de todo el fervor popular en contra de los banqueros y políticos, como se ha apuntado previamente, el día siguiente diarios europeos indicaban que uno de los partidos mayoritarios ganaría con una mayoría absoluta y desbordarían al partido del gobierno vigente. Y así ocurrió. Esto probó que el cambio que por un lado se pide y se exige, por otro no ocurre porque los votantes lo deshacemos con nuestros votos e intenciones de voto.

Por otro lado, podemos ver que cualquier sistema, mecanismo o procedimiento muestra debilidades y que tarde o temprano serán aprovechadas por alguien en su propio beneficio. Entonces vale la pena preguntarse: ¿La democracia actual no tiene debilidades? ¿Es un sistema robusto, sin necesidad de mejora? En el momento que pensamos que tiene puntos débiles, fallos y vulnerabilidades, parece lógico actuar en consecuencia porque sino tarde o temprano alguien se aprovechara de ellos. Y esos son sin duda los riesgos de un sistema estático o, al menos, poco dinámico. Si seguimos entrando en el juego democrático sin ningún cambio, les seguiremos dando todo el control a los gobiernos poco preparados y consecuentemente los bancos y grandes corporaciones podrán dictar sin ninguna barrera. Y parece evidentemente que eso es lo que desean ellos. Por lo tanto la mejora del sistema, posiblemente nunca venga por parte de los que ya tienen el control. No parece ilógico pensar que para ellos, los ciudadanos no preparados son su filón y hacia ellos van sus discursos vacíos, ramplones y demagogos porque ellos son los que les permiten perpetuarse; y sabiendo que no necesitan decir grandes cosas para ser votados, ese trabajo no parece muy difícil. No necesitan decir, por ejemplo:

"Reduciré mi sueldo, y dedicaré a servir al pueblo, por mi vocación política. Mis ingresos vendrán por mi trabajo privado y no por mi servicio público, y así se hará público. Obtendré una cuota simbólica como agradecimiento de mis servicios para con el país, pero no podré ganar más de 800 euros al mes a costa de los ciudadanos por mis servicios públicos".

Quizás nunca un cargo público haya dicho eso, ni nada por el estilo. Realmente, no tiene que decirlo para ganar votos. Parece que la ciudadanía y la mayoría de los votantes asumen la realidad de que un político pueda ganar 7 u 8 veces más que el salario medio independientemente de que el país crezca o se hunda. Ahora de nuevo vale la pena preguntarse: ¿Qué ocurriría si los discursos va dirigido a votantes formados y preparados?

Propuestas electorales

En todo negocio es claro que la clientela exigente hace que la oferta del producto mejore. Cuando una propuesta de cualquier producto va dirigida a un grupo de gente bien formada y preparada, la propuesta tiene que ser excelente y completa si quiere ser evaluada positivamente. Debe tener calidad y ser factible de realizar. Por otro lado, si la propuesta va dirigida a personas que no saben nada o poco, la propuesta puede ser muy populista y vacía; puede esconder detalles vitales, puede vender humo y puede ser vaga de conceptos sin ninguna concreción. El programa electoral de cada partido se entiende que debe ser la propuesta de acciones de este cuando gobiernen, tristemente, mirando muchas de las propuestas electorales, parece que el populismo está en prácticamente todas ellas.

Por otro lado, cualquier persona preparada se debe dar cuenta que es prácticamente imposible que los dos partidos mayoritarios estén siempre en desacuerdo sin que haya una ansia de poder en el medio. Por ello parece que el espíritu destructivo entre los dos partidos grandes no deja hueco al constructivo, que es definitivamente lo que una nación necesita, y ese espíritu constructivo de todas las fuerzas políticas también debería ser parte del motor de una democracia real.

Dinamismo

Además, es lógico pensar que cualquier sistema se puede mejorar. En sus orígenes seguramente la democracia estaba llena de buenas intenciones. Personas comprometidas y vocacionales que aspiraban a un gobierno justo. Lógicamente cualquier sistema que no evolucione se degenera por la codicia y corrupción a lo largo del tiempo, y la democracia no puede ser una excepción. No se puede considerar a la democracia un sistema estático universal y justo para siempre y el final de los tiempos, porque es incuestionable que siempre existirá alguien que trate de aprovecharse de sus debilidades. Cualquier sistema esconde puntos débiles que tarde o temprano se encuentran por los corruptos y se usan para su propio beneficio y por eso es necesario que el sistema evolucione por el bien de los ciudadanos. Si algún día el sistema democrático se actualiza y mejora, también deberá ser revisado después de un tiempo y posiblemente deberá ser cambiado en unos años cuando de nuevo los corruptos lo amolden a su propio interés.

Lo que es obvio hoy en día es que el sistema actual necesita mejorar porque los resultados se ven en la calle y es claro, desde un punto de vista objetivo, que el cambio viene en la dirección propuesta, es decir, en un cambio social, de cada uno, en el examen personal y responsable de las capacidades de cada uno, y por ello,   y en consecuencia, pedir optimizar el sistema de elección de gobiernos a través de una buena formación política a la ciudadanía.

El siguiente capítulo aborda la clave de la solución de los problemas que arrastran el sistema actual. El voto

EL VOTO

Cualquier organismo oficial la real academia de la lengua, o cualquier diccionario medianamente reconocido, puede definir al voto de la siguiente manera:

"El voto es el acto por el cual un individuo expresa apoyo o preferencia por cierta moción, propuesta, candidato, o selección de candidatos durante una votación, de forma secreta o pública. Es, por tanto, un método de toma de decisiones en el que un grupo, trata de medir su opinión conjunta." De aquí podemos extraer que el voto es algo poderosísimo en el sistema democrático y como tal que conlleva una gran responsabilidad. Con el voto se eligen las personas que van a decidir el estilo de vida que una sociedad entera va a llevar. Obviamente, si nuestro voto se lo entregamos a un conjunto de personas preparadas y vocacionales los resultados serán positivos para el país. Sin embargo si elegimos a un grupo de ladrones sin escrúpulos, éstos robarán el dinero, siendo ese su principal objetivo, y esto lógicamente afectará a la economía del país y en consecuencia al bienestar social.

Bryan Caplan es un profesor de Economía de la universidad de Universidad George Mason en Fairfax, Virginia. Caplan Recibió su titulación en economía de la Universidad de California, Berkeley y su doctorado de la Universidad de Princeton. Su obra The Myth of the Rational Voter: Why Democracies Choose Bad Policies lilustra el escenario actual argumentando que los votantes apenas tienen asentados los conceptos económicos necesarios para impulsar el crecimiento económico de un país y esto deviene en la elección de políticos que hacen políticas incorrectas.

Caplan, y esto es quizá lo más interesante de su obra, ofrece un modo de remediar estos problemas, realizando políticas en donde los educadores económicos, expertos, docentes y economistas experimentados se concentren en corregir los errores de concepto que cometen personas que no tienen ningún conocimiento en ciencias económicas. Caplan, lo considera básico para iniciar un cambio en la gestión tan decepcionante que realizan los gobiernos. Y este es un punto que nos debería hacer reflexionar.

El voto como acto responsable

No hace falta ir tan lejos y decir que el voto se lo damos a ladrones comunes, simplemente votando a políticos poco profesionales y mediocres, podemos asegurar que arriesgamos la gestión y el rumbo del país. Por lo tanto el voto como tal es un acto que conlleva muchísima responsabilidad. Esto demuestra el valor y la responsabilidad que tiene el decidir quién gobierna nuestra nación. Entonces parece algo indiscutible aseverar que decidir el gobierno, decidir quien gestiona nuestros impuestos, decidir quien promueve leyes que nos afectan y en definitiva decidir una gran parte de nuestro bienestar social conlleva una gran responsabilidad. También parece obvio pensar que cualquier persona que realice una tarea que conlleva una gran responsabilidad, debe demostrar de alguna manera que es válido y capaz de realizar tal tarea porque si se producen errores en el desempeño de esa tarea las consecuencias pueden ser muy negativas.

Por ejemplo, como hemos apuntado antes, un conductor requiere un carnet de conducir, un medico requiere un título universitario que nos indica que ha pasado pruebas para demostrar su responsabilidad. Cualquier persona que realiza una tarea que requiera responsabilidad tiene que demostrar que es capaz de hacerla. ¿Y una persona que va a decidir sobre quien dirige su país y por tanto el sino de sus posibilidades de bienestar para él, su familia y sus compatriotas? Para esto como hemos apuntado anteriormente, no existe ningún criterio, ninguna acreditación, ningún curso, ningún título, cualquier persona mayor de 18 años puede ejercer su voto.

Prepararse para hacer del voto un arma efectiva.

Es claro que en última instancia es nuestra responsabilidad en cómo actuar. Y esta es la clave de este ejercicio de responsabilidad. Si no nos queremos preparar y formar para ejercer el voto, bien. Somos libres para hacerlo, pero ¿Hacemos bien pensando que estamos preparados para decidir por nuestro gobierno si nunca nos hemos preparado en materia de gestión política y solo hemos leído algunos periódicos y escuchado lo que dicen algunos medios? Si realmente pensamos que nos falta más información cada ciudadano, debe ser responsable y admitir: Tengo que mejorar mi conocimiento político, económico y social para saber con certeza que estoy votando. Y por ello debo iniciar un programa de formación política y económica orientada a gestión gubernamental. O quizá, pedir más formación en las escuelas de enseñanza primaria para que al menos el futuro democrático esté asegurado. Es claro que un primer paso sería incluir esa preparación política como parte de la educación obligatoria porque tiene sentido exigir a los votantes del mañana ese conocimiento que se le impartirá hoy debido a la responsabilidad que van a tener. Si bien esta es una acción que cambiara la calidad de conocimiento general a largo plazo, si se desea resolver el problema a corto plazo necesitamos establecer la formación hoy para todos los votantes. No hay otra manera. Para llevar a cabo esto se necesita responsabilidad ya que parece indiscutible un beneficio no solo personal sino colectivo en la sociedad en la que vivimos.

Ahora bien la otra opción digna es decir: Admito que no estoy formado para decidir, admito que no tengo la información suficiente para decidir y admito que hay muchas cosas que se me escapan para decidir. Aun así no quiero formarme, tengo otras cosas en las que ocuparme. Familia, mis negocios, etc. Algo completamente lícito y aceptable, entonces, y esta es la clave del cambio, es imperioso decir, confío en los conciudadanos como yo que decidan formarse y pasen las pruebas de aptitud para emitir el voto. Confío en ellos porque yo no he querido invertir mi tiempo en fórmame y estar preparado, confío en ellos, porque son como yo, mis vecinos, mis amigos, mis conciudadanos con mis problemas, y ellos se forman para decidir el mejor gobierno. Ellos son mi verdadera representación y no los políticos electos de los partidos mayoritarios de siempre que no conocen de primera mano mis problemas. Sin embargo, esto no se trata de un ejercicio de autohumillación. De qué sirve decir que quiero conducir el coche que lleve a mi familia si no he querido prepararme para obtener la licencia de conducir? Debo dejar a alguien conciudadano como yo, que sepa conducir y que se haya preparado y de esa manera me beneficiare yo y mi familia también del viaje. Si me empeño en conducir sin tener la licencia, es posible que mis decisiones al volante sean equivocadas y posiblemente tenga un accidente. Del mismo modo, los ciudadanos que lo deseen con espíritu de trabajo, podrán decidir de una manera meticulosa quien establecerá las reglas en mi país y todos nos beneficiaremos de ello. Y el modo de ejercerlo puede librar a los ciudadanos de monopolio político que vienen sufriendo.

Una vez encuadrado el voto en el lugar donde debe estar, aparece el verdadero sistema democrático. Un sistema sin monopolio informativo donde ya no se vota al menos malo. Donde el desencanto se reduce dramáticamente y donde la abstención no alcanza la mayoría de los votos como ocurre actualmente en muchos países. Con solo seguir esa simple receta, podemos aspirar a una democracia más justa que no haga aguas por todos los lados como la actual. El bipartidismo tendría las horas contadas. Ésa si sería la auténtica democracia: **Todo el pueblo con derecho a ganarse el derecho de votar pero no con el regalo de derecho a votar simple y llanamente sin dedicar esfuerzo a ello.** Quien es consciente de la importancia del voto se preparará para ejercerlo y quien quiera podrá pero antes tendrá que esforzarse por demostrar que está capacitado. Una prueba difícil pero posible para todos, porque la responsabilidad es grande. Quien le parezca demasiado difícil para intentarlo, tendría que planteárselo otra vez porque se trata de valorar el voto como lo que es: un acto que conlleva una gran responsabilidad.

Obviamente, el derecho a decidir el futuro de nuestro país tenemos que ganarlo con nuestro esfuerzo y determinación. La sociedad en la que vivimos, continuamente nos indica que si queremos lograr objetivos debemos esforzarnos. Quien quiera ser médico, ingeniero, arquitecto, etc. tendrá que esforzarse, estudiar y trabajar mucho y duro. Así pues sería necesario un proceso de formación donde se instruye a los candidatos a votantes con la formación necesaria sobre los programas electorales: Sobre las cuentas, presupuestos, propuestas de los diferentes partidos. Donde de una manera trasparente se presentan cifras, impuestos recaudación y el uso que se va a hacer de ello, etc. etc. Un ciclo formativo abierto a todo el que desee decidir por el futuro de su país.

Quizá entonces nos deberíamos preguntar: ¿No es eso más justo que el sistema actual? Un sistema abierto a todos y para todos, donde todos se pueden formar, si es su deseo, de una manera transparente sobre las cuentas y la gestión del país. Un vocabulario adecuado a todo el mundo con información sobre todo lo relacionado con la situación política de su país. Es el puente que muchos ciudadanos quieren cruzar. Estar informados correctamente de las propuestas políticas y de los asuntos de estado.

El voto contra la incompetencia y demagogia política

Es obvio que los políticos se rasgarían las vestiduras alegando cualquier excusa populista, porque su monopolio estaría amenazado. Si un grupo de personas preparadas con conocimientos en materia de gobierno y que han demostrado porque han querido decidir por su país, realmente decidieran, elegirían al gobierno más justo vocacional capaz en cada momento como se ha demostrado estadísticamente en la sección anterior. El discurso populista ya no les valdría a los políticos. El "y tú más" tampoco. Los sueldos tendrían que hacerse transparentes, el lucro y el monopolio se acabaría, porque un grupo de votantes que han superado su formación política obtienen el derecho al voto y elegirían con un criterio óptimo. Estarían bien informados de las propuestas de cada partido, no se dejarían engañar por la demagogia política, han tenido acceso a toda la información, la han aprendido, han demostrado que han aprendido, y finalmente han emitido su voto. La mayoría de votos serían votos con sentido y fuerza hacia un gobierno de alta calidad en cada momento.

El voto contra los beneficios políticos

A día de hoy parece imposible encontrar ningún registro en la que haya aparecido una afirmación como la siguiente por parte de un cargo político:

"Miren, como político sirvo a mi país y contribuyo de manera voluntaria y vocacional. No estoy en este cargo para enriquecerme ni si quiera para vivir bien. Para vivir, tengo mis ingresos que vienen de mis actividades en empresa privada. Pero mi cuota por servir a mi país es simbólica. Muestra de ello es que mi cargo me reporta 500 o 600 euros al mes sin pluses ni beneficios."

Debería primer paso para empezar a escuchar a un candidato. Eso es lo que un electorado preparado y formado exigiría a los partidos como primer paso para empezar a evaluar sus propuestas. Cuando demuestren que no están en política exclusivamente por dinero, empieza el proceso de selección del gobierno más competente.

En un país de varios millones de personas estadísticamente, tiene sentido pensar que por razones probabilísticas siempre habrá un número de personas con la vocación que decida aceptar esa responsabilidad. Por tanto, podemos inferir que de una gran población se puede extraer un número de personas que seguirán sus principios morales y éticos. Siempre, por tanto, existe gente comprometida con causas que no sean puramente económicas ni ambición de poder. Los grandes beneficios y privilegios que se ofrecen a los políticos, dificultan que las personas vocacionales puedan acceder a esos puestos debido a la codicia de otros cuya principal motivación sea enriquecerse para asegurar su futuro y el de sus familias. [Collier, 2007]. Hoy en día es clara la distancia abismal con la clase política y en particular en relación con los privilegios de los ciudadanos y de los políticos. La diferencia de salario entre un político (secretario general) ministro, diputado (regional, provincial) concejal, etc. y una persona joven recién titulada y cualificada es inmensa. Cuando a veces esta última ni si quiera tiene trabajo, ninguno de los cargos públicos hacen público su patrimonio, ni hablan públicamente se sus beneficios. Por ello, la única manera de asegurarse de que los políticos no están por dinero y por privilegios es recortándolos. Es una manera eficaz de demostrar que el dinero no es su principal motivación. Una vez que la clase política esté libre de candidatos codiciosos que bloquean el camino a los vocacionales, habría lógicamente hueco para éstos cuya motivación sea construir una sociedad más justa. A partir de ahí es cuando iniciaremos la selección de los candidatos; sabiendo que todos son vocacionales y tienen buenas intenciones es un punto de partida, pero no es suficiente ya que no sólo su honestidad y motivación es necesaria para gobernar, también su profesionalidad y competencia.

El sistema que tenemos, permite que los mediocres y corruptos lleguen al poder y nos gobiernen; y nosotros, ¿Que hacemos cuando un sistema verifica que tiene agujeros de seguridad? La respuesta es que no hemos sido muy eficaces hasta ahora. Lo lógico es pensar que necesitamos blindar el sistema.

Si el problema de raíz es nuestro sistema democrático, por otra parte tan venerado por políticos, bancos, gobernantes e incluso ciudadanos manipulados, tenemos que blindarlo y hacer que el acceso este libre de amenazas (corruptos). Ya sabemos que este sistema sobrevive por su demagogia inherente que engaña a los ciudadanos por su imagen de sistema de elección justo. Al hacer que los ciudadanos defiendan el sistema democrático como sistema justo, indirectamente, los defendidos son los pocos de siempre. Ese se revela como el foco y círculo vicioso en el que los problemas permanecen enquistados.

El voto contra la corrupción

Con un voto formado, ¿Sería el discurso de los candidatos a gobernantes vacío y lleno de reproches al rival candidato? o sería constructivo, transparente, y viable porque las personas que van a elegir están preparadas para elegir, saben lo que quieren y no se les puede manipular ni engañar? Y en referencia a la corrupción, ese voto ¿Iría a partidos mediocres y corruptos o aquellos que ciertamente servirían al pueblo y no lo esclavizarían y explotarían? La respuesta es clara porque el poder no les sería regalado como sucede ahora. Lo tendrían muy difícil ya que deberían convencer a gente preparada informada y dispuesta a elegir con responsabilidad por el bien de sus conciudadanos y por el de ellos mismos.

El voto contra la imagen

Ahora imaginemos que se presenta un candidato impoluto, con un carisma impresionante, imagen demoledora de profesionalidad, responsable, aparece felizmente casado, con don de palabra., etc. Presenta una propuesta electoral donde nos indica que va a crear millones de puesto de trabajo, eliminar el paro, hacer crecer el bienestar, etc. Seguramente un electorado que se ha preparado a conciencia no se dejará llevar en su totalidad por la imagen del candidato. Es claro que en la medida que una persona adquiere conocimiento y experiencia en cualquier área, cuando tenga que evaluar propuestas e informes en esa área, se dejara influenciar menos de la imagen que recibe y más en su conocimiento que ha adquirido con su esfuerzo y dedicación. En ese caso se sacará la lupa para mirar la propuesta y su viabilidad; y no bastaría ver simplemente si la corbata le queda bien o no.

Uno de los argumentos frecuentemente esgrimido por el partido mayoritario de la izquierda es atacar a la derecha diciendo que la derecha va a reducir las pensiones que va a esclavizar a los ciudadanos como hicieron regímenes fascistas. Ellos se presentan como más cercanos a los problemas reales del el pueblo. Muchas veces aparecen sin corbata para dar cercanía al pueblo y venden su imagen de mientras tachan a la derecha de tiranos. Por otro lado, generalmente el argumento del partido mayoritario de derechas es que la izquierda empobrece al país, que gestionan mal los recursos y que malgastan y empobrecen la economía; que no están preparados, que no son profesionales etc. Se podría decir que se valen de estos conceptos de imagen para seguir asegurando votos de una manera sencilla.

Volviendo a un escenario en donde los votantes estén debidamente formados, preparados y cualificados, éstos no se deberían dejar influenciar en buena medida por los estereotipos de derechas o izquierdas, o, por ejemplo, por el hecho de reemplazar una persona en un partido por otra o por un debate televisivo entre dos personas. Simplemente porque ellos conocen y saben.

Qué más da que el señor x lo sustituya el señor y si el modo de llevar a cabo las propuestas es similar. Si el modo en que se prevé y se previene las crisis económicas es similar, si la gestión económica es similar. Porque una persona hable mejor o peor no debería ser motivo suficiente para ganarse el tan preciado voto, que prácticamente regalamos hoy y por tanto depreciamos. Quizá debamos considerar el hecho de que estemos vendiendo oro a precio de hojalata.

El voto contra la decepción y la abstención

Ahora, una buena pregunta: ¿Porque el número de abstenciones es tan alto en las sociedades democráticas? Un buen sistema debería tener poquísimas abstenciones. Pensémoslo, se nos da la oportunidad de decidir quién va a gobernarnos; alguien cree que si una persona se forma concienzudamente para el voto, no va a ir a votar? Las abstenciones serian prácticamente ninguna.

Si reflexionamos un poco podemos ver qué mensaje, consciente o inconscientemente, manda el ciudadano con cada una de sus acciones en referencia al sistema democrático. Para ello desglosamos cada caso:

Un voto hacia uno de los candidatos.
Esto significa que el votante entra en el sistema de votar por una fuerza política. Acepta las reglas de esta democracia. De todos los candidatos, el elige uno. Claramente acepta este sistema democrático votando y eligiendo a un candidato.

Un voto nulo intrínsecamente quiere decir que se ha votado, pero no tiene validez porque la papeleta es ilegible o porque el partido al que se ha votado no existe etc. Por lo tanto puede significar que se acepta las reglas del sistema democrático por que se ejerce el voto aunque no sea válido o también que vota en contra de todo. Puede ser nulo intencionadamente o no, con lo que no se pueden sacar conclusiones certeras de los votos nulos.

Un voto en blanco, efectivamente sigue creyendo en el sistema democrático actual. Es decir se sigue creyendo en que todos tenemos derechos a votar pero sin embargo no se está de acuerdo con ningún candidato ni cree en ninguno porque ninguno les da la credibilidad suficiente. Se está de acuerdo con el derecho al voto que nos permita la democracia pero no se cree en ninguna fuerza política para llevar a cabo su rol.

Una abstención. No se va a votar. Es directamente una bofetada al sistema actual. Seguramente por el hastío que producen todas las razones anteriores. Bipartidismo, corrupción, privilegios políticos, sociedad empobrecida mientras las clase política se enriquece, etc. Y por tanto el ciudadano dedica su tiempo a otras cosas que consideran más importantes que ser parte de un sistema lleno de fallos. No se cree en el sistema democrático. Se rechaza, se está en contra de lo que representa: El sistema de elección. De otra manera siempre existe la opción de votar en blanco y siempre existe la opción de decidir, ya que se otorga a la ciudadanía todas las facilidades para hacerlo. Sin embargo, el número de abstenciones es tremendo en esta sociedad. Muchos ciudadanos, posiblemente sin conciencia de ello están mayoritariamente en contra del sistema actual y quieren un cambio. No simplemente de un gobierno en particular, sino de sistema de elección. Y lo más curioso es que quizá no se sepa, por el falso halo de justicia que protege al sistema actual. Queremos el cambio pero no sabemos que proponer. Se ha conseguido concienciar a la sociedad de que la democracia es intocable y justa. Por ello la gente que desea el cambio se encuentra con que tiene que bordear la democracia y no encararla de frente. Es como un cortocircuito. Queremos cambiar el sistema, pero no podemos cambiar el sistema de elección. O como intentar eliminar un árbol podrido pero sin cortar la raíz y centrarnos en quitar las ramas. Para quitar un árbol podrido, se corta la raíz y luego se planta uno nuevo con una raíz fuerte y limpia. No es necesario ser jardinero para saber eso. Por esto, este es uno de los mayores logros históricos de los corruptos que manipulan el sistema. Engañar a la sociedad, mediante los medios de comunicación que mayoritariamente inoculan la idea de que el sistema democrático es el más justo y que de lo contrario, las sociedades serían tiranizadas. De esta manera la raíz sigue intacta.

Curiosamente es ahora donde la tiranía de unos pocos prevalece; Los políticos se aseguran de transmitir este mensaje para perpetuarse detrás de un sistema que les garantiza su futuro y su poder de manera indefinida, pero por suerte algunos ciudadanos se están empezando a dar cuenta y apuntando al sistema de elección.

Ahora, volviendo al concepto de abstención, ninguna de estas abstenciones todavía ha llegado a un consenso de un número considerable de personas para proponer un nuevo sistema de elección. Existe un calado social tan grande que nos dice que el sistema democrático es justo, que las soluciones propuestas para mejorar el sistema casi nunca van en la dirección de formar al electorado. Esa es la venda que tenemos que quitar. Casi todas las soluciones propuestas tratan de cambiar a los políticos electos por otros. De esta manera se entra en ese círculo. Siempre tendremos al mediocre y corrupto bloqueando al partido profesional y vocacional y a la oposición mediocre y corrupta esperando la oportunidad de que se castigue al gobierno para así aprovecharse y enriquecerse a largo plazo. Sin embargo, como todo en esta vida, la represión o el castigo no obtienen buenos resultados en el largo plazo. Cuando elegimos el mediocre y corrupto y esperamos que sean profesionales, estamos fallando nosotros. Cuando les echamos la culpa por no hacer lo que prometen en la campaña estamos fallando también. Imagínese que alguien dice que le va a hacer rico si le elige presidente. ¿Le creería? **Cuando prometen cosas que más tarde no cumplen, seguro que deben asumirlo, pero que también nosotros somos responsables por no tratar de entender sus promesas y creernos lo que nos dicen.** No podemos simplemente decir, "prometió que íbamos a ser ricos y no sucedió". Si no hacemos ningún esfuerzo por conocer, seremos engañados continuamente de una forma u otra por los que quieren permanecer en el poder, y necesitamos darnos cuenta de eso. Y lo más importante, esto no se detendrá hasta que lleguemos a ser votantes bien formados (como se demuestra en la sección 5). Porque necesitamos gobiernos profesionales y vocacionales. Es como darle el trabajo a un ladrón inexperto egoísta y luego esperar que sea honesto y haga un trabajo profesional. Nunca funcionará. Incluso cuando se les castigue por ley por obrar erróneamente. Tarde o temprano nos defraudará y hará enojar a la gente, entonces le echaremos; el ladrón con toda razón dirá que no toda la culpa es suya, porque nosotros le elegimos y un nuevo ladrón poco profesional entrará a hacer el trabajo con los mismos resultados. Si queremos que el candidato elegido haga un buen trabajo, tenemos que estar preparados para convertirnos en buenos entrevistadores, el candidato tiene que ser el mejor, ya que la posición lo requiere. De esta manera se rompe el círculo de la corrupción y la tiranía. (Si se podan las ramas de un árbol podrido, el problema persiste, por lo que hay que cortar la raíz y empezar de nuevo para tener una planta saludable)

Formación del electorado: El cambio hacia la verdadera democracia

El hecho de establecer la formación política como algo imprescindible en la sociedad, nos podrá permitir vislumbrar un nuevo escenario donde la clase gobernante sea más profesional. En estas condiciones ya sí que parece que caminamos a una sociedad más justa, sencillamente porque los conductores estarán mejor preparados. Este capítulo detalla el proceso de cambio apoyado en las secciones anteriores, donde se ha estudiado la evolución democrática y social que ha sufrido el mundo hasta hoy. Se ha demostrado que con el tiempo la democracia se ha pervertido en tiranía, lo que fortalece la necesidad imperiosa de seguir modificando el sistema democrático. La sección anterior también ha demostrado que existe una correlación bidireccional y unívoca entre votantes preparados y calidad de gobierno, lo que arroja luz en el oscuro túnel político y social en el que nos encontramos. Ahondando en esa posibilidad, formando y preparando a los ciudadanos que lo deseen, se harán votos fuertes y será posible vislumbrar un futuro de gobiernos preparados, vocacionales y competentes que velen por el bienestar mundial. Es el tesoro que la sociedad busca, un mundo mejor y más justo. El camino, entonces, lo seguimos dando al beneficiarnos por formarnos para decidir o por dejar decidir a quién ha elegido prepararse. Dentro de este marco de actuación es posible establecer el mapa político del futuro. Pero este cambio lo iniciamos nosotros, no deberíamos olvidarlo. No podemos esperar que los gobiernos lo promuevan. No olvidemos que ellos están cómodos con esta situación y que no les interesa ofrecer formación ni les interesa cambiar nada. Cuanto menos preparados estemos, mas fácil se lo ponemos. Por tanto, ese cambio lo tenemos que impulsar nosotros y nadie más. Que se escriban libros como éste, que se creen documentales impulsando la formación política, que se divulguen ideas en Internet, en las redes sociales, que se realicen manifestaciones y se soliciten firmas para pedir la preparación ciudadana como el inicio del cambio. En consecuencia, todas las propuestas que se han recogido en los movimientos de protesta mundiales, se pueden realizar simplemente con una propuesta muy sencilla.

ACCESO A FORMACIÓN DEL ELECTORADO EN GESTIONES DE GOBIERNO.

Esta es la línea necesaria en la que seguir trabajando. En la sección 5 aparece una demostración basada en principios estadísticos que muestran que la existe una relación inequívoca entre la formación del electorado y la calidad del gobierno resultante.

Por ello es claro que es una obligación moral intentar poner de nuestra parte para preservar el bienestar eligiendo al mejor gobierno posible. Si, como parece, la formación del electorado y la calidad del gobierno electo están unívocamente unidas, indudablemente la sociedad debe formarse para poder ejecutar su derecho al voto. Ahora, la pregunta que nos podemos hacer es: ¿Cómo exigimos la formación?

Formación del electorado a través de la educación obligatoria

En este campo una manera lógica de hacerlo es incluirlo dentro de la enseñanza obligatoria. Tiene sentido pensar que los niños de hoy serán las personas productivas y el motor de un país en el mañana. Que los niños reciban una educación obligatoria esta fuera de toda duda. En la escuela, se aprende a leer, escribir, se aprenden matemáticas, ciencias, lengua, etc. La intención es que los niños tengan una educación básica para poder desenvolverse en la sociedad con garantías de éxito en el futuro. Y si los niños del presente son los ingenieros, médicos, fontaneros, taxistas, etc. del futuro, es precisamente por ello por lo que necesitan su formación básica. Además no es menos cierto que también serán los votantes del mañana y quienes decidirán quién va a llevar el timón de nuestro país; y por eso además de conocimientos básicos en matemáticas, literatura, ciencias, etc., necesitarán formación política durante el tiempo que dure su educación obligatoria hasta el momento en que puedan ejecutar su derecho al voto, lo que significaría que haber superado la educación obligatoria sería el requisito necesario para que una persona adquiera un nivel de conocimiento adecuado en materia de gobierno. Claro está que para que este modelo de cambio tome lugar, se necesitará mucho tiempo, posiblemente más de 20 años hasta que todos los votantes existentes hayan recibido toda la formación política como parte de su educación obligatoria. Con lo que a corto plazo, posiblemente no sea la opción más realista, sobre todo cuando se detecta que existen problemas muy grave en la calidad de los gobiernos actuales existentes.

Formación del electorado a través de curso voluntario

Una vez visto que la formación política es indudablemente necesaria para resolver los problemas actuales, necesitamos actuar rápido. Si demostramos que la formación es indispensable para hacer una sociedad más justa en último término, es una obligación formarse o dejar decidir a quién quiere prepararse ya que el beneficio será el general. Debemos hacerlo para saber elegir, para que, tanto si nos equivocamos en la elección como si no, hemos hecho todo lo posible por entender las propuestas, nos hemos informado, hemos demostrado que sabemos y que estamos preparados para decidir un gobierno justo, preparado, profesional y serio, porque nosotros llegaremos a ser votantes preparados profesionales y serios. Es nuestro deber, si queremos votar, que vayamos a las urnas haciendo este esfuerzo. Si no queremos hacerlo, nos beneficiaremos dejando a los ciudadanos como nosotros que si han decidido prepararse para votar. Y es nuestro deber pedir al gobierno que ofrezca esa posibilidad de formación a todos los ciudadanos que lo deseen.

Cuando cualquier ciudadano pase esas pruebas, se habrá ganado con su esfuerzo el derecho a decidir sobre su país. Si no muestra interés en este proceso o no demuestra estar suficientemente preparado, deberá dejar que el gobierno lo decidan quien se haya preparado para ello, deberá aceptar el gobierno que los votantes preparados y formados hayan decidido para su país. Esto parece lo más lógico. De nuevo el ejemplo del coche: Imaginemos que la ley indica que cualquiera mayor de 18 años puede conducir. Una persona que no se haya formado aun teniendo todas las facilidades para hacerlo, puede elegir conducir él (porque así lo establecería la ley), y de esta manera poner en riesgo su seguridad y la de sus acompañantes o dejar que alguien que se ha preparado con exámenes teóricos, pruebas practicas y con experiencia conduzca y le lleve a su destino. Es evidente que si la persona que ha decidido no preparase para conducir cede la conducción a alguien que si ha decidido formarse, todos los pasajeros (incluidos él mismo) serán los beneficiados de esa decisión ya que dejaría en manos de la gente preparada el timón, y posiblemente lleguen a su destino sin percances. El viaje seguramente será placido y seguro para todos. La otra opción es empecinarse en conducir, como un niño pequeño, sin realmente saber lo que hace. En ese caso, pondría en peligro su seguridad y el de mis compañeros de viaje. No olvidemos que la gran mayoría queremos un mundo mejor y viajamos hacia ese destino. Solo tenemos que saber elegir a quien nos va a conducir teniendo los menores percances posibles, y por desgracia todo parece que a día de hoy nuestro viaje hacia un mundo más justo parece que está siendo bastante accidentado por los conductores que tenemos.

Una buena pregunta podría ser:
Si el electorado estuviera obligado a pasar unas pruebas de acceso con formación y exámenes demostrando que manejan toda información de las propuestas de todos los partidos políticos, ¿Elegirían al partido lleno de corruptos y de gente poco preparada? La respuesta parece obvia. Como se ha demostrado con leyes y principios estadísticos seguramente elijan a un gobierno de calidad. Por tanto esos votantes que han decidido formarse, prepararse decidiendo en

masa por el bien común, se va perfilando como la verdadera democracia. Esta opción es quizá la más cortoplacista, y por tanto posiblemente el beneficio obtenido por la elección de gobiernos de más calidad ocurra más pronto. En contrapartida, todo apunta a que su aplicación puede ser más complicada, por la visión de recorte de libertades que pueda generar alimentado por la clase política y fortalecido por los medios de comunicación y los ciudadanos manipulados. Aunque el beneficio esté fuera de toda duda, el exigir preparación y formación conlleva la prohibición de ejecutar el voto a alguien que decida no formarse y que siempre ha votado, con lo que ese asunto es el más delicado que se debe resolver. Tiene sentido pensar que si alguien ha conducido sin licencia de conducción toda su vida, y de pronto se le exige formación, test y exámenes, posiblemente sea reacio a hacerlo alegando que sabe conducir perfectamente y no va a gastar su tiempo en eso. Incluso, aun cuando se le informe de que esa medida reduciría en gran medida el número de accidentes y que todos podríamos conducir más seguros, ya que los desastres descenderían al conocer todos mejor las normas de circulación

Por otro lado la gente que tiene el poder de manera cínica y demagoga mandan el mensaje a través de los medios que controlan la información, de que la ciudadanía es inteligente y capaz de votar con lo que será muy difícil hacer ver a los ciudadanos que necesitan prepararse para saber lo que deciden. Por todo esto, las circunstancias apuntan a que solo hasta que exista un gran movimiento social impulsado por nosotros pidiendo formación real para todos los que lo deseen, no tendremos el cambio anhelado a corto plazo. De otra manera, el orgullo de la ciudadanía se hace más grande y por lo tanto se pasa por alto la posibilidad de ser entrenado para mejorar nuestro conocimiento. Es muy difícil detectar la necesidad de estar preparados; y es común escuchar a los ciudadanos que dicen que van a votar porque la democracia ha sido un logro difícil de obtener por el pueblo. *"No sé* que voy a votar todavía, pero lo haré para honrar el esfuerzo de los ciudadanos que lucharon por establecer la democracia". Esta declaración se acepta como razonable y es frecuentemente dicha. Sin embargo, nadie dice: "Ya que tengo la oportunidad de votar, voy a hacer mi mejor esfuerzo para tratar de entender las propuestas de los candidatos, voy a recibir entrenamiento y dedicar el tiempo necesario para decidir quiénes serán los mejores candidatos sobre la base de sus propuestas. Así es como honraré a las personas que dieron a los ciudadanos la oportunidad de votar. "Es evidente que, cuantos más ciudadanos piensan de esta manera, mas pronto ocurrirá el inicio de la mejora del sistema actual y la ruptura del círculo democrático podrido.

Definiciones

Llegamos al kit de la cuestión. ¿Qué es lo que los ciudadanos deben saber para estar preparados para decidir? Por lo dicho anteriormente, parece justo hacer que todos y cada uno de los ciudadanos residentes en este país tengan oportunidades y acceso (de manera voluntaria) a cursos de formación. Estos cursos se describen en el apartado *formación del electorado.*

Con la lectura de obras donde se han ejemplificado los escenarios a los que se expone un gobierno, este libro ha confeccionado una propuesta básica de varios puntos que indudablemente mejoraría la formación del electorado y ayudaría a la hora de poder elegir el mejor gobierno. Qué duda cabe que el contenido del programa puede ser modificable o mejorado sobre todo por economistas, analistas, ingenieros, y políticos que tengan experiencia en la toma de decisiones de gobierno. Pero aun siendo posible la mejora, no cabe duda que un buen punto de partida deberá ser instruir a los ciudadanos en algunos aspectos básicos. Los contenidos de esta propuesta de curso de formación se han extraído de diversas obras que han reflejado los asuntos que han tenido que ser manejados por un gobierno; de aquí se ilustran varios organismos que conviene conocer para saber quién o que tienen competencias en los gobiernos actuales. En un primer enfoque, por ejemplo convendría familiarizarse con las estructuras políticas establecidas. Los siguientes organismos, entre otros, forman parte del tejido político de una sociedad democrática.

Gobierno, parlamento, ministerios, concejalías, alcaldías, partidos político, partido de la oposición, senado, diputación.

Además de definir claramente la función de los organismos, la propuesta recoge y plantea un primer punto con un sentido en el que trabajar. Se podrá discutir el modo, las formas o el contenido, pero parece incuestionable el cambio a un modo instructivo para los votantes. Por tanto para hacer una propuesta adecuada de formación del electorado necesitamos saber con exactitud primero cuales son las decisiones que puede tomar el gobierno y cuáles son las situaciones a las que el gobierno se expone y reacciona. Podemos saber algunas pero necesitamos saber cuál es el día a día de las funciones del gobierno que elegimos. ¿En que basan sus decisiones? ¿Cómo se gestionan esas decisiones? ¿Que influye en sus acciones? Sea lo que sea lo que hagan deben de ser profesionales, ya que nuestro futuro está en sus manos. Sabemos que un gobierno nos puede meter en una guerra, o nos puede provocar una crisis interna, o que, por otro lado, pueden incentivar la economía para que mejoremos nuestro bienestar social. Sabemos que las decisiones gubernamentales pueden decidir en nuestra forma de vida y por ello necesitamos que los políticos sean profesionales y no viciados o corruptos de poder y dinero. Entonces la gran pregunta es ¿Cómo medimos su profesionalidad cuando son candidatos a gobernantes? Necesitamos ver cómo van a ser capaz de reaccionar ante situaciones comprometidas y cómo van a gestionar el bienestar de su país.

Lo que se ilustra a continuación es un posible programa de formación basándose en todas las definiciones, conceptos y requisitos gubernamentales explicados en la bibliografía. ¿Que debe ser una buena democracia? ¿Qué debe hacer un gobierno? ¿Cómo se deben evaluar las propuestas de los candidatos a gobernantes? Con toda esa información, se pueden extraer los puntos necesarios a la formación ciudadana. Esta formación constará de cursos donde los partidos políticos provean de información clara y concisa de sus propuestas: Acciones que han realizaron y quieren hacer así como su viabilidad. A la hora de decidir el curso existen también otras cuestiones relacionadas no solo con los contenidos sino con la gestión como es el horario, la duración, el lugar, las pruebas o exámenes y los baremos de evaluación.

Propuesta de programa de formación

Parte teórica

1. Definición de gobierno y partido político

2. Cargos políticos (clasificación según ámbito, rol y competencia)
i. Competencia de cada cargo político y órganos políticos. Senado, parlamento, diputaciones, alcaldías, consejerías)

3. Retribuciones y privilegios que percibe un cargo político (dependiendo de sus competencias y funciones)

4. Gestión de fondos públicos
a. Como se nutren los fondos públicos (Impuestos, cuotas)
b. Normas, competencias métodos de Gestión de los fondos

c. Nociones de economía para entender cómo se van a gestionar los ingresos. Déficit público, líneas de créditos bancarias, prima de riesgo, letras del tesoro. Deuda crediticia. Deuda privada.

5.   Gestión empleo
a.   Políticas de incentivación de empleo
b.   Patronal sindicatos y relación

6.   Relación del gobierno con las grandes corporaciones y bancos.
a.   Factores que influyen en la gestión bancaria de la concesión de créditos

7.   Sistema educativo
a.   Recursos invertidos en educación y objetivos.

8.   Sanidad.
a.   Recursos invertidos en educación y objetivos.

9.   Gestión de la política social
a.   Recursos invertidos y objetivos.

10. Evaluación las propuestas de los partidos candidatos a gobierno

i. Que debe tener una propuesta
ii. Transparencia en los sueldos y cuentas públicas
iii. Salario mínimo y transparencia en los cargos públicos
iv. Viabilidad de las propuestas en lo concerniente a creación de empleo, protección social, sanidad educación y desarrollo económico.

• Los 3 primeros puntos son necesarios porque existen un número alto de votantes que no conocen todavía cuales son las tareas y responsabilidades de los cargos políticos, así como las competencias de los organismos públicos a los que pertenecen. Definiciones que encuadren los perfiles de cada cargo en su responsabilidad son necesarias para dar a los votantes una información básica de la estructura política de un país. Además, se debe formar en los privilegios que reciben los cargos políticos. Al tratarse de cargos públicos es necesario especificar que salarios y demás beneficios fiscales y sociales perciben actualmente y en qué medida su responsabilidad requieren esos privilegios. Esa formación deberá ser impartida por expertos y profesores en ciencias políticas.

• El cuarto punto es posiblemente el más importante ya que contempla la gestión del dinero que se ingresa, gasta e invierte en el país. Prácticamente todos los demás puntos del programa dependen de él. En esto son muy importantes las nociones económicas que rigen el rumbo del bienestar de un estado. Aquí los votantes necesitan saber cómo el estado consigue el dinero y como lo invierte para su desarrollo. Esto es imprescindible para entender y evaluar la gestión económica de un gobierno. Si la gente no se forma en esto, por muy chapucero que sea el gobierno en la gestión económica, no se podrá evaluar en su certeza dicha gestión económica del país. Aquí un grupo de economistas expertos podrían impartir las nociones necesarias para, por lo menos tener cierto entendimiento del modus operandi del gobierno en gestión económica.

• La gestión del empleo merece un apartado a parte porque afecta directamente a las familias del estado en el que se reside. El empleo es fundamental para la creación de familias, para la adquisición de viviendas y para que la sociedad se construya, avance y se mantenga el bienestar: Como incentivar el empleo, como preservarlo, como generarlo... Este punto bien puede impartirse por empresarios y creadores de líneas de negocio, emprendedores y también pueden aportar algo los representantes sindicales.

• También se incluye como punto importante la gestión financiera de un país por parte de los bancos. Sobre todo como influye en las familias, la concesión de créditos para la adquisición de una vivienda y para la creación de empresas. De que depende la concesión de créditos... Y lo más importante: Cual es la viabilidad de los acuerdos que pueden alcanzar las entidades financieras con el gobierno para asegurar la concesión de créditos y subvenciones. Este punto, podría ser explicado por economistas y banqueros.

• Los últimos tres puntos Educación, sanidad y protección social también afectan directamente al bienestar social. La educación es la base para que el país se desarrolle económicamente. Un buen sistema educativo, garantiza una mayor competitividad y un mercado en el que se genere empleo y crecimiento para asegurar el bienestar. Aquí tiene una gran importancia la incentivación a la investigación y la revisión de las materias impartidas. Su relación con el mercado profesional también lógicamente debe ser estudiada, ya que la educación tiene como fin el desarrollo personal y la productividad social. profesores de primaria, secundaria formación profesional y universitarios junto con investigadores y gestores económicos de las subvenciones a la investigación y enseñanza pueden aportar y contribuir en la elaboración de este training.

• El sistema sanitario, es imprescindible para preservar la salud de los ciudadanos y la protección social es necesaria para los más desfavorecidos. No podemos llamarnos sociedad moderna si no amparamos a nuestros enfermos, que podemos ser todos nosotros, nuestros mayores y nuestros discapacitados. Una buena gestión de las subvenciones públicas es imprescindible para su sostenibilidad. Médicos, agentes de los servicios sociales los instructores, junto a gestores económicos para ofrecer una cobertura a los necesitados podrían ser sus principales instructores.

Esta parte y siempre acompañada de ejemplos prácticos: Situaciones y escenarios posibles donde un gobierno, por ejemplo, tiene que gestionar los fondos y la incentivación al empleo, como invertiría, recaudaría, constituiría el bloque teórico del curso.

Parte práctica

Una vez finalizada la parte teórica, se podrían pasar a la fase de evaluación de propuestas. Aquí ya si aparecerían varias propuestas tipo de partidos políticos, en el y se desgranarían todo el programa y su viabilidad. Un estudio exhaustivo y un análisis minucioso de todos los puntos de su viabilidad. En las propuestas, deberían aparecer también los privilegios y salarios de los propios cargos públicos. Evidentemente, los privilegios que no sean un insulto a la situación del país y que se consideren razonables. Este será el primer punto de la propuesta a evaluar. En qué grado están dispuestos a sacrificar su situación personal para servir al país. (*Vocación de los candidatos*)

Una vez evaluado su nivel de compromiso, se podría evaluar todas sus iniciativas y su viabilidad con el conocimiento adquirido en la fase teórica de la formación.

Se podrían usar las funciones medidoras de formación experiencia y competencia como las que se proponen en secciones previas. Su viabilidad de las propuestas, las posibilidades de que sus promesas se realicen, etc., etc.

Preparación y competencia de los candidatos

Las propuestas evaluadas, al ser sometidas a un estudio por personal preparado serán el primer borrador para la mejora. Una vez pasado el primer filtro, las propuestas se escuchan y se evalúan. Aquí ya entra en juego la viabilidad de las propuestas y profesionalidad de los candidatos, ya que es necesario un electorado objetivo, formado y capaz de asimilar y valorar la posibilidad de que sus propuestas se lleven a cabo. No olvidemos que la única manera para que no se aprovechen los de siempre de la situación es confiar en nosotros mismos cuando estemos formados.

Este curso, por tanto, tiene la parte teórica de definiciones para que el electorado conozca todo lo concerniente a la gestión gubernamental y una segunda práctica tan o más importante donde se trabaja la parte analítica de cada propuesta ya que evidentemente para hacer un buen análisis de la propuesta, se deben conocer las definiciones necesarias para entenderlas. En esta parte práctica es fundamental que el grupo de expertos docentes instruya e ilustre con numerosos ejemplos de propuestas a los que quieran ejercer su derecho al voto independientemente del color de las propuestas. Es entonces cuando el voto va cogiendo fuerza como arma de cambio y donde comienza el cambio verdadero para la elección del gobierno óptimo.

Fin del curso

Una vez terminado el curso se podrán evaluar a las personas que lo han realizado y deseen ejercer el voto. Aquí. Se podrán hacer exámenes, tipo test o desarrollados, con ejercicios prácticos donde los votantes tienen que saber y demostrar que han entendido los conceptos del curso. Se podrán presentar propuestas ficticias donde los candidatos argumentaran si es una buena propuesta o no basándose en los conocimientos adquiridos del curso. La persona que aproveche el curso y lo supere, se habrá convertido en conocedor y representará fielmente a la masa ciudadana. Es una representación fiel simplemente porque tendrá un sistema de vida parecida al ciudadano que ha decidido no formarse. La única diferencia entre ellos es que uno se ha hecho conocedor y el otro ha decidido no intentarlo y dejarle al primero.

Los políticos actuales que se supone que representan a los ciudadanos, no pueden representar a nadie porque no tiene los mismos problemas ni llevan el mismo estilo de vida. Nadie de la clase media, vive en mansiones o pisos de lujo, disfruta de los mejores colegios y viaja por todo el mundo siempre en hoteles de 4 o 5 estrellas. Sus decisiones y su visión jamás puede ser la misma que el ciudadano de la clase media. Sin embargo los ciudadanos que superen el curso y van a decidir el gobierno si son una verdadera representación, y como tal, elegirán a la mejor representación política de la ciudadanía gracias a su preparación. Ese gobierno, por tanto, acorde a la demostración estadística, debería ser el óptimo; aquel que necesitamos. Esta se perfila como una diferencia fundamental. La diferencia entre elegir republicanos o demócratas, conservadores o liberales, de izquierda o derecha y decidir el grupo político óptimo para gobernar, puede ser crucial. Un gobierno corrupto mediatizado y controlado 100% por las grandes corporaciones puede hacer sufrir a los ciudadanos con guerras innecesarias y con gestiones deficientes en el terreno de la vivienda o empleo. Sin embargo, un gobierno independiente sin color político, preparado, vocacional y competente puede marcar la diferencia en el bienestar social. Eso es lo que está en juego. Y es lo que este curso puede ayudar a conseguir.

Se puede cuantificar qué margen de maniobra tiene el gobierno en sus decisiones. Algunos politólogos piensan que solo un 10% de sus decisiones son libres. En el resto tienen las manos atadas por los mercados financieros. Otros autores de obras opinan que un 50% de las decisiones de un gobierno son libres. En cualquier caso el margen de maniobra, mas grande o más pequeño, existe y esas decisiones pueden marcar una gran diferencia en los ciudadanos.

Aceptando que cualquier propuesta de formación es mejorable, si no como el curso definitivo, si es un primer paso hacia una mejora social que se está pidiendo a gritos.

El tiempo de preparación

Durante los 3 meses, y cada 4 años que es lo que dura una legislatura, antes de campaña electoral sería necesario la impartición de la formación para todo el que quiera ejercer y ganarse su derecho al voto. Estos tres meses se consideran más que suficiente para dar una formación básica a los votantes. Por otro lado sería obligación del gobierno facilitar todo el acceso a los programas de formación a quien lo desee, siendo esa actividad prioritaria para los ciudadanos que opten por formarse.

Propuestas en el curso

Como vimos en la sección 1, en la actualidad la campaña política de los candidatos está muy manipulada. Las propuestas que hacen los partidos en una campaña electoral en general son todas muy parecidas. *"Durante*

mi mandato voy a potenciar el empleo, bajar el paro, pagaran los más ricos, bajaran las viviendas, etc. etc. etc."
Cuando se toma posesión del cargo, las cosas cambian radicalmente. La realidad es que las personas que ocupan el gobierno se aseguran su futuro aunque el futuro del país que gobiernan sea incierto. Si aceptamos que los mercados y la economía dictan las reglas en los países, entonces los gobiernos tendrán que tener gran parte de buenos economistas con una gran vocación social; y el pueblo, que decidirá quién va a gobernar, tendrá a su vez que entender cómo van a ser viables las propuestas.

E los cursos de formación, sobre todo se deben explicar cómo se piensan llevar a cabo las propuestas. No vale decir: voy a generar empleo, como se dice ahora. Las propuestas evaluaran el qué, el cómo y el cuándo. Como vamos a crear empleo, como vamos a incentivar la economía, como protegemos la sanidad. Cuando se va a reducir el déficit como lo vamos a hacer. Ante estas propuesta los políticos si se pondrían a trabajar porque engañar a los votantes sería muchísimo más difícil. Se prepararían de veras para llevar el timón del país. Serían mucho más transparentes, no les quedaría otra porque si no, no les elegirían. Serán políticos preparados, por que los votantes también preparados les elegirían y a la larga el gran beneficiado sería nuestra sociedad y nuestro bienestar. Aquí si podríamos hablar de una curación; y con tiempo de una sociedad sana, no enferma como la actual.

Viabilidad del proceso

En resumen, para saber si este proceso es viable además de la posibilidad de encontrar los centros disponibles para albergar a los futuros votantes, es necesario responder a las siguientes preguntas:

- ¿Existen expertos que conozcan las leyes que dictan los mercados?
- ¿Existen expertos que conozcan las decisiones y los problemas que tienen que resolver los gobiernos?
- ¿Existen ciudadanos que quieran prepararse para conocer los mejores candidatos posibles a gobernantes?
- ¿Existen centros que permitan dar la formación y preparación que los ciudadanos quieran?
- ¿Existe el tiempo para dar esta formación y preparación a la ciudadanía que quiera votar?

Parece que tiene sentido pensar que si podemos responder afirmativamente a todas estas preguntas, el proceso de preparar al electorado es viable.

¿Existen expertos que conozcan las leyes que dictan los mercados?
Que existan expertos que conozcan las leyes que dictan los mercados es algo trivial. Economistas conocen las reglas del juego

económico. De hecho el sistema monetario mundial ha sido creado por nosotros y para que siga funcionando, es necesario que existan muchos conocedores.

¿Existen expertos que conozcan las decisiones y los problemas que tiene que resolver los gobiernos?
Lógicamente cualquier persona vinculada a un gobierno de una manera u otra, conoce las situaciones, escenarios y problemas que un gobierno experimenta. Gobernantes, exgobernantes, ministros, consejeros y muchas personas más que han jugado roles relacionados con el gobierno.

¿Existen ciudadanos que quieran prepararse para conocer los mejores candidatos posibles a gobernantes?

Si no hubiera ninguno que no le interesara hacer un esfuerzo de prepararse para entender los entresijos que mueven un gobierno, lógicamente este cambio no tendría sentido. Y eso significaría que de alguna manera nadie quiere realmente cambiar el sistema de elección de los gobiernos actuales. Pero eso sabemos que no es cierto. Hay millones de personas que quieren un cambio y entre ellas habrá muchas que entiendan que un cambio en esta dirección puede ser bueno y tener sentido. Eso quiere decir que siempre habrá personas comprometidas con el cambio y por tanto un sistema nuevo de elección siempre tendrá adeptos.

¿Existen centros que permitan dar la formación y preparación que los ciudadanos quieran?

Escojamos un país de tamaño medio en comparación con el resto de países en el planeta en los que esta instaurado la democracia. España por ejemplo, según datos del ministerio de educación, existen 27000 centros educativos (colegios en España). Si le añadimos más centros privados, institutos, escuelas, universidades públicas y privadas edificios de actividades públicas, pabellones, etc., se puede decir que podríamos llegar a más de 75.000 centros que se podrían reservar para impartir la formación e incluso alguna de las materias podría impartirse a distancia. Suponiendo que cada centro tenga una capacidad media para albergar 500 personas, se podría llegar a dar formación a más de 37.000.000. Esto cubriría las expectativas de muchas personas que se quieran formar para poder ganarse el derecho a decidir gobierno.

Aun siendo las cifras estimaciones muy amplias, la clave es que es relativamente fácil albergar a todas las personas que decidan realizar el esfuerzo de aprender y prepararse para ejercer el derecho al voto.

Sería obligación del gobierno coordinar estas actividades y generar un calendario donde estas actividades tengan prioridad absoluta sobre las otras de los centros (Se entiende como algo factible ya que las elecciones sean cada cuatro años y se necesiten la utilización de esos centros durante dos un periodo de 2 o 3 meses, que podrían coincidir con los tiempos de menos actividad escolar.) La tele-enseñanza también podría ser una buena opción para formar a la población.

Sería obligación también de las personas expertas en áreas de economía, educación, políticas sociales, y sanidad que incluirá economistas,, profesores, políticos, etc. que redacten y el programa específico y lo impartan para asegurar que todos los interesados puedan formarse y aprendan de todas estas materias. Además en los cursos todos los partidos candidatos explicaran con todo detalle sus propuestas y como las llevarán a cabo; además de hacer público que competencias y beneficios obtendrán cuando sean gobernantes.

En un país de 50 millones de ciudadanos, digamos que a 10 de cada 50 ciudadanos le seduce la idea de poder decidir el gobierno de su país en los próximos 4 años y de forma voluntaria y completamente libre deciden iniciar el proceso de preparación política, El resto, también de manera voluntaria decide que no quieren formarse y prepararse, dedicar su tiempo en otras cosas (algo por otra parte igualmente digno y respetable) y confiar el futuro de su país en aquellos conciudadanos que si lo hagan.

Esto nos llevaría a cerca de 10.000.000 de personas que inician el proceso de formación. Imaginemos que de ese millón de personas que lo inicia solo 3 de cada 10 termina el proceso de formación. En este escenario tenemos que 3000.000 de ciudadanos hace los cursos de formación. El resto lo deja pensando que debe dedicar más tiempo a otras actividades. Estas personas se han formado y han asistido a esta formación durante los meses que dura el proceso. Ahora una vez terminado el curso, supongamos que algo más de la mitad de ellos pasan las pruebas. Exámenes, test, problemas reales a los que el gobierno debe dar soluciones, etc.

En este caso aparecerían alrededor de 1.500.000 votantes que con su esfuerzo y dedicación se han ganado su derecho, siempre de manera voluntaria. Millón y medio de personas como nosotros; con nuestro mismo estilo de vida que se convertirían en conocedores y serán nuestros verdaderos representantes. No los de siempre que viven a años luz de los problemas reales de los ciudadanos sino que los votantes y decisores serían la verdadera representación de la ciudadanía. La única diferencia con el resto es que estos son conocedores porque así lo han decidido voluntariamente. Cobran lo mismo que nosotros, viven en casas como la nuestra, llevan a los hijos al mismo colegio que nosotros. Son nuestros vecinos, compañeros amigos o nosotros mismos. Ellos/nosotros decidiremos un gobierno capaz comprometido, preparado y vocacional. En esas manos estamos más seguros que en las manos de los políticos corruptos que se aprovechan de las debilidades de la democracia. Manipular a estos votantes será misión harto complicada porque los votantes ahora sabrían/sabríamos, y lo que es mejor: el voto se perfilaría como una herramienta de cambio verdadera y no en un objeto continuista de la democracia degenerada. Estos votos podrían por fin realizar una limpieza política devastadora y constituir un bazooka político que no dejaría ni un político corrupto e inútil en el cargo.

Conclusión y Reflexiones

Si realmente queremos unos gobernantes preparados, profesionales capaz de preservar los derechos humanos en el mundo y alcanzar un bienestar social, debemos esforzarnos para ser unos votantes preparados. No existe otra opción. El voto equivocado hacia el gobierno equivocado nos puede seguir haciendo mucho daño. De hecho es el mismo daño que han hecho muchos gobiernos a sus países; daño derivado de su codicia y poca profesionalidad aunque escondido por sus habilidades de palabra, su imagen y la complicidad con los medios y grandes corporaciones.

Este libro simplemente cambia el punto de mira al que dirigir nuestros esfuerzos para el cambio. El cambio no se centra cambiar en la clase política, el capital, la banca o las grandes corporaciones. Se centra en nosotros como responsables directos de nuestros votos. Las sentencias: votantes preparados eligen generalmente gobiernos óptimos y votantes no preparados eligen generalmente gobiernos mediocres y corruptos están demostradas matemáticamente en la sección 5. Por lo tanto, la solución a muchos problemas sociales queda plasmada.

Este libro no es una llamada a la gente a protestar saliendo a la calle a pedir derechos. Esta obra quiere dar una visión diferente. Quiere hacer ver que la democracia puede ser justa cuando el procedimiento de elección es justo. La relación entre buen gobierno y bienestar social es clara y la relación entre buen gobierno y electorado preparado también. El capítulo dos de esta obra ofrece una demostración numérica de lo que ya de por si tiene sentido: Cuanto más nos preparemos para ejercer el voto, mejor será el gobierno que elijamos. Concluimos que si queremos preservar el bienestar social, debemos elegir a los gobiernos óptimos y elegir a estos pasa por nuestra preparación. Esta es la base y el punto de arranque hacia un cambio verdadero.

La conciencia de que el cambio a un mundo mejor lo deben realizar los gobiernos actuales es una falacia. Los gobiernos son simplemente la consecuencia de nuestra mala preparación política y ellos, hoy por hoy, no desean un cambio porque eso significaría el fin de su supervivencia política (y por lo general los corruptos y mediocres que han alcanzado un buen nivel de vida gracias a la política, quieren seguir sobreviviendo políticamente, aunque ellos sepan que nos son los mejores en su posición.)

El camino a un mundo mejor lo debemos construir entre todos empezando por cada uno de nosotros. Es la hora de ser sincero y admitir si estamos preparados, si queremos estarlo o si deseamos permanecer de esta manera. A nadie nos gusta reconocer poca preparación, pero este es el primer paso, el cambio empieza en nosotros. Una vez los ciudadanos se dan cuenta de esto, pueden obrar en consecuencia. "Me falta preparación para decidir el gobierno óptimo que nos asegurara nuestro bienestar presente y futuro. "

Una vez dado el primer paso, que es admitir que tenemos que aprender, existen dos opciones:

1) Exigimos que exista la formación política como parte de la educación obligatoria
2) Exigimos formación para los ciudadanos que deseen votar

En el segundo caso, podemos:

- Decidir formarnos y prepararnos lo suficiente para conocer y evaluar al mejor gobierno.

- Decidir no formarnos y dejar y confiar la decisión de elegir gobierno a aquel conciudadano que decida hacerlo.

Durante la lectura de todos los libros que han conformado la creación de este, se han puesto de manifiesto las situaciones deficientes de los sistemas democráticos. Haciendo una reflexión profunda sobre todos los problemas actuales del sistema democrático podemos concluir que muchos de esos problemas se podrían resolver si los gobiernos son elegidos por los ciudadanos que han decidido prepararse de manera voluntaria para ejercer el derecho al voto.

Valores como honestidad, vocación sacrificio, competencia y profesionalidad, se incrementarían automáticamente en los candidatos a gobernantes con este nuevo modelo propuesto. Por desgracia, en el libro ha quedado patente que en la actualidad un partido no necesita tener estos valores para ganar unas elecciones, lo que hace que el sistema se vaya degenerando más y más hasta entrar en una espiral de destrucción. Si miramos a nuestro alrededor, llevamos destruyendo el mundo con guerras inútiles, con codicia y con corrupción mucho tiempo.

Esto ocurre en parte provocado por los gobiernos que tienen un nivel alto de codicia corrupción y poca preparación. Por ello, la principal y más obvia conclusión de esta obra es que el cambio del modelo democrático actual es imperativo hacerlo cuanto antes. Partiendo de este hecho irrefutable, nos hemos centrado en cual es el cambio que debemos dar. Que giro de timón es necesario para alcanzar un mundo más justo a través del sistema de gobiernos más justo. Es claro que una gran mayoría de la masa social, comparte esta conclusión. No hay más que ver las protestas sobre la corrupción y la manipulación existente en la política en muchos países. Detectar el cambio que necesitamos es una cuestión más peliaguda. Por ello, este libro se ha centrado en ese análisis y concluye que el cambio pasa por un cambio general en los electores, no en los electos. Esa es la principal diferencia con la mayoría de las hipótesis sobre el cambio que necesitamos. Al centrar todas las culpas sobre los gobiernos electos, el sistema entra en un círculo donde la clase política se enriquece, la clase media se indigna y como conclusión elijen cada 4 u 8 años a otros políticos mediocres, poderosos, que controlan los medios y que además son los mismos corruptos de siempre o están relacionados con estos.

Los medios manipulan y muestran prácticamente solo dos opciones a los votantes, lo que preserva el bipartidismo y la dictadura moderna. Las grandes corporaciones financian los candidatos a gobernantes para luego beneficiarse de las decisiones y mientras unos pocos se llevan el pastel de siempre, la clase media sufre y es explotada de manera sistemática.

El libro concluye que ese cambio que buscamos es una salida del círculo vicioso de castigo al gobierno electo votando al contrario. Es por eso, que siempre que entra un nuevo gobierno promete un cambio, pero realmente no hay tal.

Mientras no pensemos que somos nosotros los que necesitamos prepararnos para votar, mientras pensemos que estamos sobradamente preparados, el cambio será el mismo que prometen los políticos, es decir ninguno. La rueda seguirá girando en la misma dirección. Este círculo solo se rompe mirándonos y siendo sinceros. Saliendo a la calle y exigiendo formación política y demostrando que sabemos lo que votamos. No hay otra manera. Quien piense que el sistema putrefacto se arregla por si solo o cambiando a los actores mediante el voto general cada 4 años se equivoca. Este cambio es necesario si queremos un mundo mejor para nuestras generaciones futuras. Si pensamos que el cambio reside en pedir cuentas a los gobiernos electos, estaremos perdiendo el tiempo. Es por eso que este cambio no lo quieren los medios controlados por los gobiernos ni éstos últimos, ni los que se benefician del sistema, y por tanto este cambio empieza cuando nosotros lo empecemos. No debemos esperar que los gobiernos decidan porque la sociedad la componen los ciudadanos y no los políticos y por tanto solo cuando la sociedad quiera este cambio ocurrirá. A los políticos les va bien así por lo tanto ellos seguirán hablando de cambio cuando están en la oposición mientras que cuando lleguen al gobierno harán políticas parecidas al anterior gobierno.

Podremos culpar a los gobiernos y a los políticos hasta desfallecer, pero hasta que no cambiemos el sistema de elección obtendremos el reflejo de lo que la gran masa social es: **Políticos poco preparados son elegidos por que los votantes no se han preparado para votar. Si los votantes no están preparados, los políticos tampoco lo necesitaran para ser electos. Sin embargo, si los que quieren votar son ciudadanos que se han decido preparar, los políticos serán cualificados para llevar el timón del país. Podemos darle todas las vueltas que queramos pero la dirección marcada está**

ahí de manera irrefutable. Necesitamos gobiernos preparados y competentes y estos salen de votos preparados y competentes.

Los propios políticos dicen que todos los ciudadanos están preparados y son competentes para decidir, que son los ciudadanos los que deciden, que es justo. Podemos ver las cosas tal y como son y mirarnos a nosotros mismos. ¿Estamos realmente preparados para decidir quién nos gobierna? ¿Sabemos de decisiones de estado? Gestión de presupuestos, política de mercados, economía. Si no sabemos, estamos dispuestos a aprender para ganar conocimientos y tener toda la información para decidir? O solo votamos porque nos cae bien o mal, por la imagen que nos transmite el líder del partido, o porque uno es de derechas u otro de izquierdas, o quizá porque leo unos cuantos periódicos. Si examinamos, no existen gobiernos ni de derechas ni izquierdas. Si no, como se explica que un gobierno de izquierdas apruebe por decreto leyes que faciliten el despido de los trabajadores, reduzcan salario a los funcionarios, retrasen la edad de jubilación y congelen las pensiones? Gobiernos con ideas conservadoras también a veces nacionalizan bancos que es lo propio de ideologías izquierdistas. Al final, el gobierno tomará decisiones influenciadas en gran medida por las circunstancias internacionales y nacionales, mercados financieros, leyes europeas, acuerdos económicos, y también no lo olvidemos aprobarán leyes para cubrirse ellos mismos, con grandes privilegios. Por lo tanto, derechas o izquierdas en la mayoría de los países, se convierte en un arma electoral como parte de la imagen de los candidatos. Una idea izquierdista donde el gobierno protege socialmente a los trabajadores (gran mayoría) probablemente seduce mucho más que una idea política de derechas. Ese argumento es usado siempre por los gobiernos socialistas, aunque una vez en el poder aprueben leyes que dañan el bienestar social. Por tanto el peso que tiene la ideología izquierdista o derechista no debería influir a la hora de decidir el gobierno tanto como la capacidad de éste para cumplir sus propuestas electorales (incluso con circunstancias adversas).

En ese sentido, de nuevo es necesario estar formados y preparados en la gestión política de un gobierno. Necesitamos saber y entender cómo va a cumplir sus propuestas. Detalles de cómo van a preservar el bienestar, en que van a invertir los fondos públicos, como se va a incentivar el empleo, como se van a prever posibles desastres financieros, como se va a destinar los fondos a amparar a las personas más débiles, como se van a hacer públicas las cuentas y los salarios de personal público, y como se justifica su patrimonio. Y para eso necesitamos la preparación al voto. Necesitamos lecciones de economía aunque sean básicas para entender cómo va a trabajar el gobierno. Cuando se habla de deuda, déficit, prima de riesgo, mercados que ataquen a un país o institución, que se desploma la bolsa, etc. ¿Alguien piensa honestamente que la mayoría de los votantes entienden perfectamente esos conceptos y mecanismos? Y no solo en materia económica sino en materia social, en materia penal, y en políticas de inmigración por ejemplo. Es necesario conocer cuáles van a ser la políticas establecidas y como se va a llevar a cabo, por ejemplo cómo va a proteger a la sociedad de los especuladores con las viviendas que ha sido una lacra en países como Irlanda, Italia y España, dejando a la juventud sin opciones de una vivienda justa y violando derechos constitucionales que defienden una vivienda digna para los ciudadanos.

Sin embargo después de todos estos desastres, para la clase política y en concreto para los partidos mayoritarios, todos son elogios para los ciudadanos y para la democracia. Claramente es el sistema perfecto. A ellos no les interesa formar a los ciudadanos ya que, mientras estos estén entretenidos con futbol y telebasura se saben los gobernantes de estas o las próximas elecciones. Una clase votante formada no hay duda que apretaría mucho más y tendrían que buscar otra manera de enriquecerse porque a estos votantes no los podrían manipular mas.

La conclusión más clara de todas debería decirse claramente: La ciudadanía no está preparada en materia de gobierno. Todos los políticos lo saben. Basta ya! Hay que quitarse la careta y ver la realidad. Hoy por hoy la masa ciudadana ni está formada ni preparada para decidir. Simplemente sufrimos la consecuencia de la codicia de unos pocos banqueros, empresarios y políticos que dictan nuestro bienestar. Sin embargo podemos estarlo, y aquí es donde hay espacio para la esperanza. Ellos saben de la ignorancia de la población, por eso son toda apariencia, e igual que a los niños se les distraen con juguetes cuando se enrabian y lloran, a nosotros nos distraen de la realidad. Somos como niños en esta área.

Afrontémoslo, la realidad es que ni somos capaces ni estamos preparados.

Es prácticamente imposible cambiar a los banqueros, cambiar la codicia innata y cambiar las leyes que dictan las grandes corporaciones porque la corpocracia está muy instalada en la sociedad. Ahora bien, se nos ha dado la oportunidad de decidir. Esa opción que nunca tuvimos, y que es la gran oportunidad de dar un golpe de efecto a la (Corpocracia y dictadura moderna).

Lo que aporta este libro es que cualquiera puede prepararse. **Debemos obligar a los gobiernos a acercar la formación a todo el que quiera formarse. Esa idea se repite en este libro muchas veces, porque es necesario recordar que quien quiera tendrá el derecho a formarse para poder votar. No el derecho para votar sin demostrar nada de preparación. Ese factor diferencial hará de la sociedad una más justa.** El que quiera podrá formarse y prepararse; y será obligación del gobierno de formar y preparar a todo ciudadano que quiera decidir el futuro de su país, el método de gestión de los impuestos que el paga etc. etc. Quien se tome en serio el voto, se prepare y demuestre que está preparado tendrá en su voto un arma de cambio a una democracia más justa. Los políticos corruptos y mediocres, escondidos en los partidos mayoritarios desaparecerían y se dedicaría a buscar codiciosamente otro trabajo, pero no a gobernar. Eso lo harían los gobiernos vocacionales y preparados porque nosotros los elegiríamos. No centremos el punto de mira en los políticos, ni en los bancos, ni en las grandes empresas sino en nosotros mismos. De nuevo, no podemos cambiar la codicia de los poderosos y sus intenciones de control, pero podemos cambiarnos nosotros mismos cuando decidamos prepararnos para votar o dejar a nuestros conciudadanos que lo hagan. Cuando criticamos a los políticos, ellos dicen: Hemos sido elegidos por ustedes. Y tienen toda la razón. Nosotros y solo nosotros los elegimos debido a nuestro desconocimiento y posición fácilmente manipulable.

Como indicó John Perkins en su libro, los gobernantes se pueden dejar corromper para ceder los recursos públicos de su país en manos de las compañías privadas, que los explotan esclavizando a los ciudadanos con precios abusivos. El pilar lo ponemos cuando elegimos gobiernos fuertes incorruptibles y preparados. Ese es el dique que los ciudadanos debemos poner ante la corrupción y los intereses del monopolio de los mismos. Y lo más grande, es que tenemos la oportunidad. Por fin podemos hacer algo grande con nuestros votos. Y ahora es cuando tenemos que valorar el voto como se merece.

Pregúntense:
¿Arriesgaría yo mi integridad permitiendo que alguien sin carnet de conducir ni conocimientos de conducción me condujera en un taxi a su destino? ¿Dejaría que le operara alguien que no tiene licencia médica

ni conocimientos de cirugía? ¿Porque pone el futuro, y el poder de decidir el gobierno de su país en manos inexpertas, entonces?

Contraataque

Ahora bien, cualquier amenaza al sistema monopolizado será contraatacada. Eso también es incuestionable. Sería una amenaza. Si por fin tenemos voz y representación ciudadana que eligen a los mejores gobernantes, esto haría que el índice de corrupción bajara lo que lógicamente molestaría a los corruptos que ostentan el poder. Y eso no lo podrán permitir, tendrán que defenderse. Como cualquier otra persona, no querrán estar en paro aun sabiendo que no son los mejores en su puesto. Evidentemente un cambio en este sentido ataca el monopolio político de los partidos mayoritarios que se han enriquecido por sus cargos públicos. No sería sorprendente oír que cualquier cambio en ese sentido es tachado por los políticos de querer anular a los derechos de los ciudadanos, fascista, nazi, de decidir unos pocos, etc. Por otro lado, el cambio propuesto, quizá pueda ser obviado algunos países por la tendencia innata al descrédito, crítica y destrucción. Sin embargo, en otros países puede ser un motor para un cambio revolucionario de mejora.

La sociedad ha tratado de encontrar un sistema justo de gobierno durante mucho tiempo. ¿Realmente podemos decir que el sistema de elección es justo y merece la pena pararnos ahora? Si la respuesta es que no, es hora de actuar. Claramente es un sistema impulsado por muchos que son manipulados por los intereses de los unos pocos, que son los que se benefician en última instancia del sistema. El discurso técnico, detallado con contenidos no existe. El discurso vacío es entendido por todo el mundo es el que se repite una y otra vez en campañas electorales. Admitiendo que es hora de actuar y que el cambio se producirá con formación a la ciudadanía, tenemos el camino descrito.

Durante mucho tiempo la humanidad ha tratado de buscar el sistema óptimo impulsado por las demandas sociales. Hoy en día se ha conseguido engañar a la sociedad imprimiendo la idea de que la democracia como la conocemos es un sistema justo cuando los resultados sugieren lo contrario. El hecho de aprovecharse del sistema en beneficio propio con el tiempo se ha constituido en una realidad. **Cuando se daba por hecho que solo podría decidir la gente preparada que conocía los asuntos en los que debe involucrarse el país estaba claro que estos hacían de su sabiduría un monopolio y como consecuencia se enriquecían, esclavizaban y anulaban al pueblo para seguir manteniéndose en el poder. Esto degeneraba en régimen fascista, totalitario y dictatorial negando a la ciudadanía su poder de decisión, lo que se comúnmente se llama gobierno de unos pocos. Claramente el gobierno no puede ser asunto de unos pocos, y que siempre**

sean los mismos. (Por muy capaces, preparados e inteligentes que sean)

La democracia actual sin embargo, ya si cuenta con los ciudadanos. Se regala el derecho al voto y se habla con orgullo sobre la justicia del sistema. **No ha tardado en ocurrir exactamente lo mismo por la degeneración natural de cualquier sistema con el tiempo. Personas y organismos tratando de aprovecharse del sistema dando discursos vacíos, fomentando el bipartidismo, perpetuándose en política, enriqueciéndose y esclavizando al pueblo en manos de los bancos y corporaciones. Esto también demuestra que este sistema tampoco funciona y llega al mismo resultado. Gobierno de unos pocos.**

Curiosamente una combinación de los mejores aspectos de los dos sistemas promete mejores resultados. Gobierno elegido por los ciudadanos que se han formado voluntariamente para votar.

• Por un lado, el sistema es abierto, libre y admite la impartición de contenidos a cualquier persona que desee formase con independencia de su sexo, nacionalidad, raza o condición social) ya que el gobierno, tendrá que acercar obligatoriamente la formación a toda persona residente que lo desee. Esto resuelve el problema de limitar únicamente a las decisiones a los pocos poderosos.

• Por otro lado, genera votos con mucha fuerza y con mucho conocimiento de causa. Esto resuelve el problema del bipartidismo y los gobiernos corruptos mediocres que al final son controlados por los pocos poderosos.

En este caso, cuando nos damos cuenta de que el sistema actual se puede mejorar, está claro que es nuestro deber trabajar en esa mejora. Es necesario retirar el escudo que los políticos han hecho de la democracia para su propio beneficio y es por eso que tenemos que examinar sus fracasos. Es nuestro deber encontrar y trabajar para resolverlos. No es verdad que si no existe esta democracia, la alternativa es el fascismo. Esa idea la han repetido hasta la saciedad y la seguirán repitiendo porque claramente conviene a los que sacan provecho personal del sistema actual. Existe, por tanto, la posibilidad de cambio verdadero. No de cambio de gobierno para enriquecer a uno de los dos de siempre, que es lo que tenemos en la realidad. Es necesario quitarle el blindaje que los políticos han puesto a la democracia para su propio beneficio y examinar sus fallos; y por eso es nuestra obligación buscarlos y tratar de solucionarlos. Si reflexionamos, el cambio propuesto es el más justo que cualquiera de los actuales i.e. cualquier ciudadano tendrá derecho a formarse, recibir formación específica en materias de estado para decidir el gobierno de su país y demostrará que tiene conocimientos suficientes mediante pruebas.

Al formar desde la infancia en la educación obligatoria a todos los escolares, estamos introduciendo calidad y conocimiento en los futuros votantes y por tanto estamos introduciendo calidad en los futuros gobiernos. Es, por tanto una inversión a largo plazo. Y hablando del presente, al abrir un proceso en el cual cualquier ciudadano pueda formarse y preparase para decidir el gobierno ya contamos con todo aquel que quiera de forma voluntaria formarse y esforzarse para que su país obtenga el gobierno más justo a corto plazo.

Durante los meses que dure la formación, cualquiera que lo desee sin distinción de raza sexo religión o ninguna otra condición podrá acceder a esta formación. **Esto eliminaría el problema de caer en un régimen fascista, dictatorial y totalitario y es la clave de la propuesta de cambio del sistema democrático. Ahora no decidirían ya solo los pocos de siempre sino que la ciudadanía erigiría.**

Por otra parte, serán los ciudadanos que hayan querido de forma libre y voluntaria preparase y esforzarse por mantener el bienestar en su nación. Esos meses de preparación hará de cualquier ciudadano **que lo desee** un individuo formado y capacitado. Las pruebas de nivel, exámenes y tests comprobarán que el individuo ha aprovechado la formación y que esta efectivamente capacitado. **De esta manera se resolvería el problema actual donde cualquiera puede decidir gobierno aunque no entienda ni quiera entender nada sobre asuntos de gobierno.**

Ahora el criterio para decidir gobierno no sería tener más de 18 años y tener nacionalidad. Ahora el criterio sería **saber que estamos haciendo cuando votamos, a quien votamos y porqué lo votamos,** independientemente de tener 17 años o ser un extranjero residente que esté pagando impuestos. En éste último caso su voto también es constructivo porque a ellos también le interesa vivir en un país que les ofrezca bienestar, ya que si ellos demuestran su capacidad y su conocimiento su voto serán una ayuda para el país y no un problema. La nacionalidad y la mayoría de edad no aportan el conocimiento político por ciencia infusa, por lo que no puede ser único requisito para ejercer el derecho del voto. Superar sus pruebas y el ciclo formativo ofrecerá una garantía de voto. Una garantía que no hará sino ayudar con su contribución a la obtención de un gobierno más justo; un gobierno de personas con vocación, profesionalidad y preparación. El gobierno optimo.

En ese sentido si se aprovecharía el voto masivo. Existen innumerables pruebas donde se demuestra que una votación consensuada sobre cualquier materia por parte de varios conocedores de ésta ofrece más garantías que la valoración personal de uno de ellos. Está relacionado con lo que se conoce como trabajo en equipo. Cada voto sería el resultado de una valoración y evaluación de cada propuesta con conocimiento de causa y como tal el voto es más constructivo que destructivo. El consenso de miles de votos constructivos ofrecerá una decisión constructiva para el país.

Sin embargo una votación masiva de personas no cualificadas puede desembocar en el caso contrario. Un voto sin conocimiento, al igual que cualquier ejercicio sin conocimiento, tiene un fin destructivo. Claramente, el voto masivo de votos destructivos tiene como resultado una decisión posiblemente destructiva para cualquier país (aunque sea a largo plazo). No quiere decir que el país se destruya, porque por suerte existen ciertos procedimientos establecidos que previenen desastres mayores, pero sí que se pierde un tiempo precioso al no dotar a nuestro gobierno de personal preparado capaces de tomar decisiones más inteligentes sin hundirse en la demagogia, cinismo y enriquecimiento personal.

Lógicamente, cualquier individuo que pase las pruebas cada 4 años habrá demostrado su utilidad hacia sus conciudadanos. Ellos en esta ocasión han sido lo elegidos para votar, porque se lo han ganado, porque así lo han decidido y porque se han esforzado por ello. Sin embargo, las personas que no han decidido formarse no deben avergonzarse, ellos han confiado poner en manos de sus conciudadanos que se han esforzado. ¿No será mejor eso que poner el bienestar en manos de los políticos de siempre?

Unos tomando la responsabilidad y otros delegándola en los que han decidido preparase para el voto hacen que el sistema en si mismo se enriquezca. La persona que ha decidido prepararse y sacarse el permiso de conducir, conducirá. El que ha delegado y ha preferido pasar esos meses con otras actividades, se subirá en el coche de acompañante y se beneficiará del viaje. Es la manera de asegurar caminar por el camino correcto y que salgan beneficiados todos. Por su puesto el país estará en deuda de aquellos ciudadanos que quieran formarse y que finalmente demuestren que están capacitados para votar .Su tiempo, esfuerzo y dedicación al país durante esos meses debe ser recompensado por parte de todos, porque todos nos beneficiaremos de ellos. Y por ello aquellos que voten podrán obtener algún pequeño beneficio fiscal (Algún punto en el impuesto sobre la renta de las personas físicas, por ejemplo) durante la legislatura en la que ellos han decidido gobierno.

Posible incomprensión

El sistema puede generar incomprensión y mucha gente que paga impuestos puede indicar que eso es un motivo suficiente para decidir el gobierno. Este es uno de los puntos calientes que abordar en un cambio de sistema como el que aquí se propone.

Recientemente se dijo en los medios que la democracia era un logro histórico ya que se había conseguido que los ciudadanos tuvieran un derecho que se les había privado durante mucho tiempo que era el decidir a los gobernantes de su país.

Respecto a esa frase que puede sonar con sentido, una gran mayoría coincidirán en pensar que hay ciertos derechos que deben ser otorgados a las personas por el hecho de existir. Estos son los derechos humanos, derecho de atención sanitaria, derecho a la educación derecho a no ser agredido, derecho de libertad de expresión, etc. derechos básicos que se deben otorgar a cualquier persona independientemente de su sexo, raza, religión, ideas políticas, etc. Sin embargo existen otros derechos que uno adquiere por el simple hecho de ser persona, derechos que han sido ganados por demostrar su valía. Un policía tiene el derecho de utilizar un arma de fuego en situaciones comprometidas para su seguridad o para la de otro ciudadano; un ciudadano que no tenga licencia de armas ni sea policía no tiene ese derecho. Un profesor Universitario tiene el derecho a evaluar un examen de un alumno en una institución como la Universidad; sin embargo, otra persona que no pertenezca al cuerpo docente no podrá ejercer ese derecho. El médico tiene derecho a ser respetado en su juicio clínico (diagnóstico y tratamiento) y en su libertad prescriptiva; evidentemente, alguien que no sea médico no podrá disfrutar de ese derecho. Para tener esos derechos tanto el agente de la ley como el profesor como el médico han debido formarse y demostrar que son válidos para esa profesión. El profesor habrá hecho cientos de exámenes, habrá estudiado miles de horas, superado oposiciones, etc. Así el derecho a poder evaluar exámenes se le concede porque ya ha superado numerosas pruebas. El médico antes de emitir un diagnostico, ha tenido que formarse, hacer prácticas, estudiar una carrera, pasar un MIR (oposiciones) etc. Finalmente el derecho a emitir un juicio clínico se le concede porque esa persona ha demostrado de sobra que está preparada. Por tanto, ganémonos ese derecho preparándonos. Y si decidimos no prepararnos confiemos nuestro voto en aquellos que si lo hagan.

Por otro lado la controversia existe también en las personas que contribuyen.

Una persona que paga quiere decidir quien administra su dinero. Muchas personas dicen: Como yo pago impuestos, quiero elegir aquellos que controlen mi dinero. Bueno parece cierto y lógico. Es claro que por el hecho de pagar impuestos se tendrá derecho al uso y disfrute de carreteras, colegios públicos y hospitales. Decidir a quién dar el timón quizá es más complejo. Echemos un vistazo a cómo está organizado nuestro sistema actual de elección:

1)   No todos los contribuyentes tienen derecho a votar y no todos los votantes están obligados a llenar los formularios de impuestos. Esto dice mucho. Algunas personas no tienen que rellenar el formulario de impuestos cada año, es decir, los estudiantes que no tienen ingresos, amas de casa sin trabajo, todas estas personas pueden votar.

2)   Además, hay muchos inmigrantes, residentes legales que pagan sus impuestos religiosamente, hacen la declaración todos

los años y sin embargo en muchos países democráticos no se les otorga el derecho al voto (en ese país en el que están pagando impuestos). Por lo tanto, la actual democracia que hoy conocemos también contradice la *lógica: "Como yo pago impuestos en mi país, decido por mi país"*.

Por otro lado el hecho de solo pagar impuestos necesariamente no nos eleva a expertos en materias y asuntos de estado pero seguro que si nos asigna el derecho de disfrutar del buen uso que se haga del dinero nuestro. Y para disfrutarlo de la mejor manera, el gestor tiene que ser el óptimo. Imaginemos de nuevo que compramos un billete de avión. Tenemos derecho al uso y disfrute del viaje, de ser llevados al destino que hemos pagado, de sentarnos en los asientos, algunos tienen derecho a un snack, etc. Pero, ¿Tenemos derecho a elegir el piloto? Imaginemos que le decimos a la aerolínea: Yo pago, yo decido quien pilota. Una de las posibles respuestas de la aerolínea, que ellos eligen los pilotos con un criterio profesional, que todos sus pilotos pasan los test, etc. Un criterio que la gente común no entiende si no se forma para ello. De otro modo, Como vamos a elegir que piloto debe llevarnos si no sabemos nada de pilotaje de aviones? Por el dinero que pagamos disfrutamos un buen viaje, y confiamos en el criterio de la aerolínea, que se supone que conoce el mundo aéreo profesional y por ello nos proporcionan un piloto con garantías. ¿No sería mucho más arriesgado que los pasajeros eligieran los pilotos?

También decidir un gobierno es una decisión que necesita un estudio. Se necesita valorar las propuestas de cada gobierno candidato, y para valorarlas se necesita estar formado para entenderlas completamente. Esto es indiscutible. Entonces y solo entonces como se ha demostrado en la sección 5, los votos de los votantes preparados serán votos fuertes, con sentido, con conocimiento de causa. Votos inteligentes, votos sabiendo lo que es mejor para su país, y ese gobierno electo por esos votos será el gobierno óptimo que nos dirija a los ciudadanos. En esos votos reside la fuerza del cambio. Si queremos que el sistema cambie, tenemos que cambiar el significado del voto.

Otro argumento esgrimidos por los detractores de un sistema formativo voluntario, es que se recortan las libertades al impedir que la gente no formada no ejecute su derecho al voto. Al margen de que se formen o no, la gente considera un signo de libertad su derecho a decidir y lógicamente a nadie le agrada que ese derecho se deniegue. También convencer a una persona que es por su propio bien y el de su familia, decirle que si no quiere informase, que deje decidir a quien lo haga, es tarea harto complicada ya que nuestro propio ego interfiere y pensamos que estamos capacitados para decidir, aunque so sepamos mucho sobre el asunto en cuestión. Con lo que en última instancia se puede ver como un recorte de la libertad de elección. Ahora bien, aun admitiendo que la única vía para obtener un gobierno de calidad es la formación ciudadana, el mayor problema es concienciar a los ciudadanos de esa necesidad. Y más con el halo de justicia que rodea a la democracia y con el supuesto de que los ciudadanos y votantes somos inteligentes (concepto alimentado por la clase política). Afortunadamente la sociedad actual no acepta como derecho universal el derecho de realizar operaciones de cirugía, sino que exige cualificación para ejercerlo. De otra manera dudo que hubiera mucha gente que decidiera operarse. Por otro lado, si examinamos el sistema actual observaremos que tampoco es universal en términos de justicia. Centrémonos en el ejemplo de los extranjeros residentes que se ha mencionado anteriormente. Curiosamente los extranjeros residentes en un estado pagan impuestos en el país que residen, viven como cualquier otro ciudadano, usan sus carreteras, su sanidad, su educación y sufren y disfrutan las decisiones del gobierno en cargo. Estos sin embargo, no pueden votar en los piases en los que residen mientras no obtengan la nacionalidad. Ellos también podrían decir ¿Oiga, por qué no puedo votar? Yo vivo aquí y pago y sufro las políticas erróneas. Estas me afectan. Independientemente de que yo me informe mucho sobre los partidos candidatos a gobernantes. A mí se me prohíbe ese derecho de votar por la gente que me gobierna. O personas que tienen 17 años que son muy inteligentes y capaces también tiene prohibido ese derecho. Ellos también pueden decir: ¿Por qué no puedo votar por el gobierno que quiero cuando me he leído todos los programas de los candidatos, y alguien que tiene un año más que yo, que no le interesa nada la política, puede? ¿Es eso justo? Claramente los criterios actuales para permitir el voto siguen negando ese derecho a algunos ciudadanos. Y no sólo eso, como se explica en la sección: *Democracia, ¿sistema justo?* Independientemente de prepararse duramente para entender las propuestas de candidatos o no, independientemente de comprometerse con su país dedicando tiempo para votar lo mejor para su país o no, sin importar lo que hagas, se obtiene el mismo premio que cualquier otro compatriota que no le importe nada su propio país. Al final de la votación, los votos de los electores que se han esforzado y sacrificado su tiempo por entender y elegir el mejor gobierno, valen lo mismo que el que no sabe y no quiere saber mucho acerca de las políticas del gobierno y que simplemente les gusta la imagen de un candidato. **Si consideramos que la democracia es justa, es necesario reconsiderarlo de nuevo y en consecuencia avanzar hacia un sistema más justo.**

Claramente el problema de concienciar a la población de esto es lo más grande. Para dar derechos no hay problema. Cuando tratamos de limitarlos es cuando nos encontramos resistencia, sobre todo impulsada en primer término por los que se benefician del sistema y continuada por los ciudadanos manipulados por los primeros a través de los medios. Tendríamos el mismo problema si otorgáramos licencias de conducción a todo el mundo solo por tener la mayoría de edad sin necesidad de superar las pruebas teóricas y prácticas de conducción. En el momento que nos diéramos cuenta de que el número de accidentes se incrementa dramáticamente, lógicamente plantearíamos formar a todos los ciudadanos para que demostrasen que están preparados para conducir, y de esa manera reducir el daño causado por su desconocimiento. Seguramente, muchos ciudadanos se negarían a realizar esas pruebas porque se verían capaces de conducir sin necesidad de pasarlas y no aceptarían que se le impusiera la formación y la superación de pruebas como requisito para obtener la licencia, aun sabiendo que ese cambio aportaría una mejora global. Algo como esto puede suceder si pretendemos incluir la formación y la preparación de los votantes como requisito para ejercer el voto. La formación política como parte de la enseñanza obligatoria posiblemente sea lo deseable y aceptable, ya que desde pequeños nos formaremos y comprenderemos más los asuntos de gobierno; la cuestión es si tenemos tiempo para esto, ya que cambiar este modelo y esperar hasta los 18 años a que la primera generación de personas formadas vote, supone esperar unos 20 años más, y los problemas reales los tenemos hoy.

Como se ha dicho en el párrafo anterior, es fácil otorgar derechos de manera populista, no habrá problemas. Estos problemas ocurrirán a la hora de suprimirlos aunque este más que justificado, como puede ser el número alto de accidentes por otorgar alegremente la licencia de conducción o la existencia de gobiernos corruptos y poco competentes por dar la licencia de votante indiscriminadamente a cualquier persona sin que pruebe que sabe lo que está votando. Y ese es el mayor problema que se necesita solucionar si se desea una mejora a corto plazo del sistema democrático. Sabiendo que los políticos no quieren que la gente se forme, los bancos y grandes corporaciones tampoco, si hay un número grande en la sociedad que tampoco desea formarse (o dejar que decidan los que si lo hagan), el cambio no se realizará.

Y ahora la cuestión: En cualquier estado, ¿No sería lo justo permitir votar a todo residente de ese estado, independientemente de su edad, sexo, religión, condición social, nacionalidad, etc. que se ha formado y que ha demostrado que su voto es constructivo para el país?

 Y la siguiente:
¿No mejoraría la calidad de los gobiernos electos y en consecuencia la calidad de vida de los ciudadanos si esto ocurriera?

Si respondemos que si a estas dos preguntas, necesitamos movernos. Y necesitamos hacerlo ya. Un primer paso es conseguir el voto, que ya lo hemos hecho. Un segundo paso, y el más importante ahora, será cargarlo de significado y fuerza. Votar al menos malo, el monopolio del bipartidismo, no votar por rechazo y hastío al sistema son consecuencias del poco valor del voto y del sistema democrático actual. Estos problemas se podrán erradicar a largo plazo si incluimos asignaturas de contenidos políticos en la educación obligatoria y a corto plazo si existen personas que de manera libre den un paso adelante para formarse y prepararse para ejercer el voto y decidir el futuro de nuestra sociedad y otras que de manera libre decidan no formarse y den un paso atrás para dejar a los que si lo deseen. No hay duda que esa es la ruta que la política debe seguir si queremos un cambio social a nivel mundial. Esta es una manera de morder a las grandes corporaciones y monopolios que financian las campañas de los gobiernos para que estos respondan a sus intereses. Hasta ahora, manipulando la información que se provee a los ciudadanos por los medios que son comprados por las grandes empresas se aseguran el monopolio informativo y de esta manera el bipartidismo se arraiga todavía más si cabe. Nadie apenas oye mítines y propuestas en las principales cadenas de los partidos minoritarios, lo que también determina que el votante solo pueda votar a uno de los dos partidos de siempre porque no le haya llegado ninguna información adicional a través de los principales medios de los demás partidos. Con un nuevo sistema de formación muchos más partidos se presentarían a los posibles votantes. Las corporaciones no dominarían ni manejarían a los gobiernos candidatos en la misma medida. Si tanto daño nos hace los bancos, eléctricas y gobiernos corruptos, no pensemos en cambiarlos directamente. **Ellos no se van a cambiar porque se lo pidamos. Cambiémonos nosotros y a partir de ahí ellos deberán cambiar. No tendrán alternativa.**

Movimientos en contra de la clase política hay muchos, se ha especulado con castigar a los políticos que no cumplan, se proponen propuestas contra los políticos y se emplean muchísimas energías y esfuerzos en limpiar la clase política. Pero no nos olvidemos que nosotros elegimos la clase política y que ellos son un reflejo de los votantes. Gente no preparada elegirá un gobierno no preparado. Podremos criticarlos de no saber dirigir un país. Podremos decir (este ministro o ministra no sabe, es incompetente). Pero le elegimos nosotros. ¿Por qué votamos a gente incompetente y no preparada? ¿A lo mejor será porque nosotros también lo somos un poco? Se puede criticar a los políticos y decir: Esta señora o señor es ministro de economía y no sabe nada de economía. O Esta señora, no sabe nada del ejército ni de política militar y ejerce de ministra de defensa. Bien, estas personas pueden decir, oiga usted no sabe nada de las decisiones que un gobierno tiene que adoptar por su país. Sin embargo decide cual será el gobierno de su país sin tener ningún conocimiento en política y asuntos de gobierno.

Esta, por tanto, es una propuesta de cambio revolucionario para mejorar la democracia existente y acabar con el bipartidismo político. Existirán detractores, seguro, pero no podemos obviar que se han trazado las directrices para realizar un cambio indudablemente positivo en los resultados. **Aquí se propone que la oportunidad de decidir el gobierno estará abierta a todo el que quiera hacerlo pero tendrá que preparase y será obligación del gobierno existente dar la formación necesaria para que los ciudadanos demuestren que están preparados para decidir el gobierno.**

Es muy probable, que los colectivos que se benefician del sistema actual, además de defender de manera hipócrita y cínica a la inteligencia de los ciudadanos y el sistema democrático, (cosa que se hace a menudo por la clase política), acusará la propuesta de ser poco realista, fascista y de ser utópica por las razones que fueran. (Posibilidad nula de formación, no existen suficientes centros para formar a los ciudadanos, materias muy difíciles para el entendimiento ciudadano, programas de formación complicados, se podrá decir que es discriminatoria con los ciudadanos que no pasen al formación, etc.) En fin, trabas para descartar esta vía como una mejora en la elección cuando es claro que no existe una respuesta lógica que diga que no mejoraría la calidad de los gobiernos electos. Si bien es obvio que la propuesta admite siempre la mejora, esta propuesta no debería ser desterrada sino que debería servir de inicio al cambio del electorado. No se debería echar por tierra esta idea, porque existan dificultades de acercar la formación a los ciudadanos, por ejemplo. Es lógico que los políticos estén deseando eliminar e ignorar propuestas similares a ésta pero las energías puestas en movimientos como el 15-M deberán de tener la base del cambio en la formación de los ciudadanos. Además claramente, cualquier movimiento ciudadano para mejorar la democracia que sea criticado por la clase política bipartidista debe verse como un buen paso y un buen camino. Esto quiere decir que les escocerá y les amenazará el monopolio que se han montado escudándose en una democracia falsa e hipócrita y enalteciendo la inteligencia del ciudadano común, alimentándole la vanidad para a su vez controlarlo y esclavizarlo.

La única razón para negarse a cambiar este modelo democrático es pensar que de esta manera no mejorará, pero seamos serios: ¿Existe alguien que piensa que si los ciudadanos se formaran educaran y prepararan en asuntos de gobiernos su elección no sería mucho más acertada? Si alguien piensa que esto no mejorará en ninguna medida la elección de gobiernos y como consecuencia la calidad de estos y en último término la calidad de vida de los ciudadanos, entonces no hay discusión, pero es indiscutible que esto ocurrirá. Recordemos una vez más el movimiento Occupy Wall street: Fue una queja generalizada hacia la clase política. No se identificaban con ninguna ideología. Se quejaban del sistema, de los bancos, de los privilegios políticos y de las pocas opciones que tienen los jóvenes en países como España, Italia, Portugal, Grecia o Irlanda. Entonces, muchos políticos, en vez de avergonzarse, simpatizaban con el movimiento, decían que iban a tomar nota para mejorar, y cada uno lo intentaba aprovechar, Algunos políticos como la presidenta de la comunidad de Madrid decían que contestaran en las urnas. O lo que es lo mismo, que entren en el juego de esta democracia que tanto les gusta. La oposición lo utilizaba como arma arrojadiza al gobierno existente y el gobierno lo utilizaba para demonizar a la oposición por su poco espíritu constructivo ante los problemas. En general, nadie en el mundo político se ponía en contra del movimiento sino que lo usaban para su propio provecho e intentaban confraternizar y simpatizar con él. Desde luego que si hubiera un nuevo sistema como el propuesto que pone en riesgo su monopolio, es seguro que no tratarían de confraternizar porque ahí se les acabaría su filón. Es seguro que lo tratarían de hundir y desacreditar. Las "simpatías" que ha generado en 15-M en el ámbito político ocurren porque en el fondo se sabe que no se va a cambiar el sistema de elección y por tanto los mismos actores seguirán en el poder. Sería muy diferente si les decimos:

Ahora vamos a votar de verdad con un voto fuerte, lleno de conocimiento. Seguramente no existiría tanta simpatía de los políticos actuales y grandes corporaciones hacia esa idea.

Por tanto, y una vez más, la sociedad tiene la imperiosa necesidad de formarse en conocer los entresijos del funcionamiento de los gobiernos. Imaginemos un movimiento masivo arrollando la calles en Nueva York, Paris, Londres, Madrid, Roma, Berlín: solo con una propuesta: **¡¡¡¡FORMADNOS!!!! ¡¡¡¡QUEREMOS APRENDER!!!! ¡¡¡¡QUEREMOS ESTAR PREPARADOS PARA PODER DECIDIR EL MEJOR GOBIERNO, ENTENDER LAS PROPUESTAS Y HACED QUE OS ESFORCEIS SI QUEREIS NUESTRO VOTO!!!**

Ahí sí que les obligamos a moverse. Entonces sí que se sentirían amenazados. Como se ha comentado, confraternizar con algo como eso no sería posible. Seguro que muchos se irritarían y buscarían los fallos, posiblemente lo taparían y menospreciarían por el peligro que conlleva para ellos. Eso nos indicaría que la propuesta duele a los blindados y protegidos por este pseudosistema. Eso es una buena señal. Cuando un niño de 2 años sin armas se irrita y amenaza a un adulto este último lo encuentra gracioso, divertido, sonríe y simpatiza con el niño. Sabe que no es una amenaza real. Esto ocurre con los movimientos actuales. Los gobiernos y corporaciones son sabedores que estos movimientos no son una amenaza grande real a su monopolio y por ello se les manda un mensaje conciliador. Cuando el que te amenaza es un soldado profesional armado, la reacción suele ser muy distinta. Si a lo que se enfrentan los políticos, banqueros y directivos de las grandes corporaciones son votantes preparados, competentes y expertos, que votaran gobiernos vocacionales, preparados y competentes la reacción también será distinta porque ellos, los electores preparados, si suponen una amenaza real al monopolio existente. Sus votos elegirán gobiernos profesionales competentes y poco corruptibles. Eso lógicamente no gusta a los gobiernos actuales ni a los que los financian.

El mensaje principal: **No nos dispersaremos más en miles de propuestas. Listas únicas, sueldos transparentes, etc. Solo hace falta una. Esa. Repitámosla hasta la saciedad: formadnos, establecer la formación. Queremos saber decidir. Para nuestro bienestar y el de nuestros hijos. Y no parar. No parar hasta conseguir esa propuesta**. Mientras más trabas aparezcan, mas ánimo debemos tener en nuestro empeño.

Es la única forma de que el voto sea un arma poderosa. Cierto político decía en una entrevista el 24/10/2011 en un canal de televisión que mucha gente no votaba porque se resignaba a que los que mandaban eran los mercados y las entidades financieras.

También indicó que el G-20 (Gobiernos más poderosos) actuó después de la caída de Lehman Brothers. (Entidad financiera que respaldo la venta de bonos de las hipotecas basura e intoxico al mercado financiero.)

El mensaje es que los gobiernos actúan después de las crisis económicas y que tienen la posibilidad de actuar antes. Por eso él valoraba al voto como algo importante. Y evidentemente lo es. Lo que no valoró era la calidad del voto actual. Esto evidentemente no le convenía.

Por todo lo anterior, cuando estamos pidiendo un cambio, estamos pidiendo este cambio. Un cambio promovido por nosotros, la sociedad. En el que cada uno debe aceptar y ser responsable con el papel que ha elegido jugar. **Y esto es lo más importante. Nadie debe imponer a la sociedad el papel que debe jugar. Eso lo han hecho los dictadores, los fascistas, y los dictadores de la presente democracia: políticos, bancos y grandes corporaciones. Ellos nos dicen 'vota A o B' cada 4 años y**

permaneced en silencio. En este caso y con nuestra propuesta la sociedad decidiría que quiere hacer, pero hemos de ser honestos con nuestra decisión. Es el momento de decirnos a nosotros mismos: Nadie va a quitarme mi derecho al voto, pero al menos voy a ganármelo haciendo el esfuerzo de aprender, porque este derecho se lo merece. Si yo no quiero aprender, dejaré a los que quieran.

No olvidemos que las dos decisiones (formarme para decidir o dejar decidir a quien quiera formarse) son igualmente responsables. Alguien no recorre el camino si existe alguien más bloqueándolo. Y alguien permite que se recorra éste, si existe alguien que quiera andarlo. Por lo tanto si queremos seguir nuestro camino hacia una sociedad más justa, las dos partes de la sociedad tenemos que asumir nuestra responsabilidad y obrar según hemos decidido libremente y sin imposición.

Hasta que no tengamos programas formativos incluidos en la enseñanza obligatoria, si decidimos decidir nuestro gobierno, nos formaremos para ello y si decidimos no formarnos, no interferiremos a los que han elegido hacerlo.

Si seguimos esa máxima el éxito a corto plazo hacia un gobierno profesional, vocacional y comprometido es incuestionable. No existe duda alguna de que si esto ocurre en un país los resultados harían que se expandiera hacia otros que vivan situaciones similares. Además, admitiendo que hay sociedades más preparadas políticamente que otras, este cambio será más urgente en unos países que en otros. Pero lo que es seguro es que cualquier sociedad quiere tener un gobierno de calidad y quiere tener el gobierno óptimo. Y por eso quieren que sus votos sean fuertes y con sentido. Esta es la manera. La otra opción es empeñarse en votar y dejar el futuro en manos de los mismos de siempre. Y eso hemos descubierto que no funciona.

De nuevo ilustremos otro ejemplo para incidir en esta idea:
Imaginemos por un segundo que tenemos una avería en la instalación eléctrica de nuestra casa y no sabemos prácticamente nada de reparación de instalación eléctrica.
Ahora bien nosotros podemos:

1)   Intentar arreglar la avería nosotros
2)   Llamar a un electricista.

Podemos decir: Es mi casa y lo arreglo yo. Bien, pero al menos tendremos que aprender algo de electricidad. Hacer un curso, leer sobre circuitos eléctricos, entender algunos conceptos de electricidad para saber lo que estamos haciendo.
Si no decidimos hacer nada de esto y seguimos empeñados en arreglar la instalación porque nos creemos capaces de hacerlo aunque no sepamos nada o muy poco, es muy probable que nos

equivoquemos y averiemos la instalación de todo el edificio.

Todos estos ejemplos parecen que tienen sentido cuando hablamos de electricistas, fontaneros, médicos, etc. Y esta obra quiere precisamente tratar igual a los votantes.
Por tanto, mientras pensemos que estamos preparados de sobra para votar, sin habernos formado antes, mientras nos empeñemos en votar sin haber hecho el esfuerzo de entender, mientras mantengamos que somos capaces inteligentes y que podemos votar sin pasar las pruebas de nivel, las cosas no cambiaran; y Los políticos, las grandes corporaciones y los bancos, no quieren que las cosas cambien. Porque así están seguros en sus puestos por mucho tiempo. Ya encontraron las claves. Manipular los medios para que tomemos como verdades lo que ellos quieran y alimentar nuestro ego. Decidnos: Si, sois muy inteligentes."El pueblo americano sabe lo que quiere" "El pueblo francés es muy inteligente", "Los italianos sois muy capaces". Todas estas

sentencias han sido dichas por líderes políticos. "Sabéis lo que tenéis que hacer". Estáis preparados. "Os lo habéis ganado". Venid a votar. Y nosotros sin ni si quiera hacer una mínima parte de esfuerzo para entender las cuestiones de estado, ya pensamos que nuestra capacidad nos permite decidir el futuro de nuestro país, como si dejáramos la elección de qué estrategia militar vamos a seguir en una batalla a millones de personas que no conoce nada del entorno militar y luego nos quedáramos tan contentos.

Es claro que, si hay solución, pasa por este cambio. Y es claro que después de un tiempo, cualquier modelo controlado por las personas termina degenerándose por la propia corrupción innata de estas. Vemos continuamente que la constitución se renueva, las leyes cambian, nuevos derechos se crean, nuevas actualizaciones, nuevos tratados y acuerdos para mejorar. Las normativas se cambian, se aprueban decretos, se revisan normas; incluso instituciones tan rigurosas como son la iglesia se abren a la modernidad y aceptan algunos cambios, para mejorar el funcionamiento de estas y adaptarse a las nuevas necesidades y corregir los errores detectados. ¿Por qué no se cambia el sistema democrático de elección de gobierno? ¿Por qué si vemos que hay carencias no las cambiamos? ¿Por qué si vemos que seguimos eligiendo corrupción frente claridad, profesionalidad y compromiso con la ciudadanía no cambiamos el sistema de elección? El cambio en esa dirección es incuestionable. Y con ese cambio se abrirá un nuevo proceso de mejora de gobiernos que así mismo necesitara una renovación debido a las mismas razones: Con el tiempo habrá unos pocos que busquen los recovecos del sistema y traten de aprovecharse de él para beneficio propio. Por ello cualquier sistema y modelo político debe ser un modelo dinámico de mejora continua.

Deberíamos hacernos las siguientes preguntas: ¿A quién dejaremos nuestro futuro? ¿Lo decido yo? ¿Pido formación entonces? Si decido que no ¿Les dejo a los conciudadanos que son como nosotros, nuestros vecinos, amigos, familiares que ganan el sueldo como nosotros y que han decidido hacer el esfuerzo de formarse y decidir quién va a ser el gobierno durante la próxima legislatura? ¿O voto para que salgan los de siempre, las mismas caras, los mismos actores con sus sueldos y con sus privilegios, que tomaran el poder si seguimos decidiendo gobierno sin saber lo que hacemos? ¿Quién nos representa mejor? ¿Quién nos entiende mejor? Siendo honesto con nosotros mismos la respuesta es clara.

Ni bipartidismo, ni intereses partidistas de los medios, ni campaña mediática ni discursos vacios ni populismo ni debates de los partidos mayoritarios ni corrupción desmesurada. El gobierno más honesto, preparado, justo y concienciado con su causa ganará las elecciones, el que demuestre que quiere servir a su país sin enriquecerse y demuestre que tiene las facultades para levantarlo ganará. Sus propuestas técnicas, sus discursos, se evaluarán, si cometen fallos deberán admitir responsabilidades. El filón de vivir a lo grande a costa de los ciudadanos se debe acabar.

Todos los ciudadanos debemos empezar a mirarnos a nosotros mismos y ser honestos. Preguntémonos ¿Tengo formación para entender en que se va a invertir el dinero que pago con mis impuestos? ¿Entiendo cómo se invierten los fondos públicos? ¿Cómo se crean políticas sociales? ¿Cómo se gestionan los fondos para defensa? ¿Y para I+D? ¿Existe viabilidad para fomentar la creación de empresas y crear más empleo? ¿Cómo podemos hacer eso? ¿Es bueno para la economía reducir los impuestos? ¿Cómo se pueden mejorar las exportaciones? ¿Cómo luchamos con la economía sumergida?
Son algunos ejemplos de preguntas que deberíamos saber responder y deberíamos

saber con todo detalle como el gobierno candidato plantea resolverlas.

Si no las sabemos podemos pedir que se nos informe, el gobierno tiene la obligación de formar a todos aquellos ciudadanos que lo deseen ya que estos pagan sus impuestos y cumplen sus obligaciones en ese país. Además tienen el derecho a la información para luego elegir el gobierno en función de la capacidad de fiabilidad de las propuestas de cada gobierno candidato.

Este es el principio a la verdadera democracia. El gobierno del pueblo, eso es, el pueblo decide, porque con su esfuerzo se ha ganado el derecho a votar. No porque se le ha regalado. El voto no es un regalo. Ni si quiera es barato. El voto debe tener su precio y un precio alto porque su responsabilidad es inmensa. Hay que pagar ese precio para ejercerlo. Y el precio es nuestra formación El voto, por tanto es el arma de cambio. No le quitemos su sentido regalándolo a ciudadanos que no les interesa prepararse para entender. Si lo hacemos, nada cambiará.

Con el voto cambiamos el mundo. Si el voto esta devaluado y lo emite cualquier persona que no lo valora, el gobierno electo estará devaluado y el mundo poco a poco se devaluará más y más; y es evidente que al devaluarse el voto tanto, al regalarlo, al darlo por alguien que solo tiene que gritar más que su oponente y por tanto ser un arma destructiva más que constructiva, el voto pierde su valor hasta hacer que no sirva para nada o para poco. Como hemos visto, en la sociedad actual, por el hecho de regalar el voto y de no pedir esfuerzo a quien quiera ganárselo, lo normal es que las sociedades elijan al gobierno equivocado, que suele ser un gobierno más o menos corrupto, poco vocacional, medianamente preparado y con experiencia, ya que son los que siempre están en política por sus contactos, con poder de manipulación en los medios. Eso dista mucho de la idea de gobierno vocacional, justo, muy formado, preparado, competente y con experiencia que suele coincidir con el gobierno ideal. La motivación de este libro, por tanto es reforzar el voto, blindarlo, vamos a hacer del voto un arma efectiva de cambio y así acercarnos al gobierno óptimo. De esta manera los votantes (ciudadanos como nosotros o nosotros mismos, que han/hemos decidido prepararse) con un criterio escrupuloso y metódico no serán manipulados y distraídos como los niños lo son con un juguete, ya que conocerán información de primera mano, entenderán y elegirán con conocimiento de causa. Elegirán gobiernos comprometidos, constructivos, capaces de obrar sin la motivación de codicia sino por el interés general. Sus decisiones se verán en todo momento priorizadas por el interés de la población a la que representan y no por el enriquecimiento personal. Si tenemos unos gobiernos fuertes, inteligentes, preparados, concienciados por las causas sociales, por el bienestar social, el mundo mejorará. Eso es incuestionable. Y esto depende de nosotros. Nosotros elegimos a esos gobiernos. Nosotros somos los primeros que tenemos que tener esa conciencia social, esa hambre de cambio verdadero. Y nosotros debemos luchar para que cuando lleguemos a las urnas estemos informados, preparados, no manipulados. De esta manera nuestro voto iniciara el proceso evolutivo social.

Cuantos gobiernos "democráticos" han desencadenado guerras inútiles, muertes inútiles, destrucción, crisis económicas, crisis de paro, crisis inmobiliarias. Todas estas decisiones de políticos poco preparados han degenerado en situaciones que han dañado considerablemente el estado del bienestar que hemos construido entre todos.

Quizá no exista el gobierno perfecto, pero como ciudadanos, es nuestro deber elegir los mejores gobernantes posibles de entre todos los candidatos, para asegurar el futuro de nuestros hijos y de las generaciones venideras. Hoy en día solo está asegurado el futuro de los políticos, banqueros y grandes empresarios, lo que irrita a la gran masa social. Y ahí inicia el proceso de cambio. Un cambio radical. En su momento, dimos un primer paso que es tener una pseudodemocracia. Pero no podemos pararnos ahí. Vamos a hacer de la democracia una fuerza de cambio. Cualquiera puede ver que la democracia existente perpetúa dos bandos políticos. Crea una dictadura intermitente. Es necesario pulir esa democracia. Es necesario exigir que los votos sean fuertes y con sentido y a la vez exigir que cualquier ciudadano tenga la opción libre y voluntaria de preparase para ejercer el derecho al voto. De esta manera eliminamos la discriminación y reforzamos la elección correcta del gobierno candidato.

Los partidos mayoritarios siguen repitiendo estos discursos porque les funciona. Porque saben que de esta manera se aseguran votos. Como dijo el que fuera portavoz de la casa blanca Tip O'Neil: "Keep it simple". Haz las cosas fáciles. De nuevo, si los votantes estuvieran formados, estos discursos simples tampoco existirían. Los votantes que han invertido parte de su tiempo en formación y han pasado las pruebas, no les importaría lo que dijeran unos de los otros sin pruebas ni argumentos sólidos. Ellos querrían examinar las propuestas de cada partido, sabiendo lo que aportan evaluando sus planes. Los discursos por fuerza deberían estar lleno de significado, con todo detalle, porque hay mucho en juego: El bienestar de todos nosotros.

Cabe la posibilidad de discutir qué capacidad de cambiar el mundo tienen los gobiernos de las potencias económicas. Cualquiera que entienda un poco de economía sabrá que el dinero gobierna y dicta las normas internas de los países. En concreto, bancos y grandes corporaciones (grandes Empresas energéticas, petrolíferas, grandes empresas de telecomunicaciones, etc.) generan dinero, generan empleo y crecimiento y por ello deciden e influyen en las decisiones que se deben de tomar por los gobiernos. Para muchos, no hay nada que hacer, existen trabajos que indican que el sistema monetario es tan poderoso, que no deja a los gobiernos la opción de actuar y tomar decisiones. ¿En ese caso, para que están los gobiernos entonces? Por eso, se han visto situaciones en las que los gobiernos han administrado los fondos dedicando parte del capital a investigación, a defensa, subvenciones de ayudas a pequeñas y medianas empresas, etc. Algunos otros han usado parte de los fondos para fiestas privadas y provecho personal. Si bien es cierto que en muchas ocasiones, los gobiernos están a merced del capital, también es cierto que los gobiernos tienen "algo" de margen de maniobra para decidir qué políticas, económicas y sociales son buenas para asegurar el bienestar de los ciudadanos de su país. En ese "algo", es en lo que tenemos que centrarnos para el cambio.

Sabemos que para los ciudadanos medios es prácticamente imposible coordinarse para cambiar la corpocracia. Pero no lo es para elegir los gobiernos que son nuestros diques ante los tsunamis de corrupción. Es claro que el índice de pobreza y de corrupción tendrá resultados negativos para el planeta si no se para en alguna medida. Sin embargo se nos ofrece la posibilidad de elegir el gobierno que si será capaz de tomar decisiones que pueden decidir el rumbo de nuestro futuro y el de nuestros hijos. Si pensamos que los gobiernos pueden hacer "algo" por mejorar la situación social, esa posibilidad no merece la pena banalizarla y tomarla como algo gratuito porque ahí debemos centrarnos. Desde luego quien piense que un gobierno no puede hacer absolutamente nada por preservar el bienestar mundial, no debería leer este libro. Y es aquí cuando empieza en nosotros el sentimiento de responsabilidad de cambiar el mundo. (Eligiendo el mejor gobierno que nos represente). En ese sentido el voto es una herramienta con mucho poder. Tanto que los políticos se mueren por conseguirlo. Pero ya que tenemos la oportunidad de utilizar esa herramienta, vamos a hacer buen uso de ella. Un bisturí, por ejemplo, es una herramienta quirúrgica que en determinadas situaciones puede ser muy poderosa. Puede extirpar objetos nocivos para el cuerpo humano y puede ser utilizada por una persona experimentada (cirujano) para salvar vidas. Sin embargo, en manos inexpertas, un bisturí puede causar más daños que beneficio. Simplemente, le podríamos dejar el bisturí a un niño y veríamos que podría tener consecuencias fatales. Y nosotros, admitámoslo, somos niños cuando tenemos que elegir el gobierno que nos represente pues no conocemos ni la décima parte de información que un gobierno maneja, y la que sabemos, o no la entendemos, o la interpretamos de manera errónea. Un niño castiga a sus padres como puede cuando le dejan sin su caramelo u otro juguete. No entiende las circunstancias externas. No le vale que le digan que no tienen dinero para comprarlo ahora mismo o que no le conviene o cualquier otra cosa. Nosotros de manera similar no entendemos, simplemente nos indignamos aunque nos falta todavía mucho conocimiento sobre las acciones que un gobierno pueda acometer.

En el atentado de Marzo en Madrid del 11 de Marzo, por ejemplo, probó que el cambio de gobierno fue provocado y premeditado por un grupo de terroristas, ya que las encuestas daban como vencedor al gobierno que estaba en al a cargo actualmente. Por tanto la reelección era prácticamente segura.

Los terroristas sabían esto. Ellos expresaron en un comunicado claramente querían castigar al gobierno que años antes apoyó la intervención militar en IRAK. Los terroristas sabían que podían cambiar el gobierno si realizaban un atentado terrorista pocos días antes de las elecciones. Ellos sabían que con ese atentado la masa ciudadana castigaría al gobierno que un día antes respaldaba con su voto. También sabían que podían cambiar el curso político de España alterando el voto. Conocían la fuerza del voto y sabían que podían manipular a la masa ciudadana para que utilizaran el voto en contra del gobierno existente Si el atentado hubiera sido el 15 de mayo, las elecciones hubieran sido ganadas por el partido conservador que hubieran estado al menos otros 4 años más en el gobierno. En cierta manera, la masa hizo lo que los terroristas quisieron: Echar al gobierno existente y otorgar al gobierno socialista el poder. Los terroristas se salieron con la suya. Naturalmente sabían lo que ocurriría porque conocían la volubilidad del electorado.

Este libro no pretende ser una guía de referencia ni establecer el nuevo modelo político mundial. Todo en esta obra es discutible: La credibilidad de las fuentes, la veracidad de los hechos, la corrección de las opiniones, la estructura de la obra, todo. Puede haber personas que le guste o no, que lo vean utópico o práctico.

Lo único que este libro entiende como indiscutible es que existe un problema en nuestro sistema democrático del que los gobiernos y grandes corporaciones se aprovechan. Un problema de gobernantes poco preparados por que los electores no deciden preparase ni ceder la elección a aquellos que si lo desean. **El problema es real y palpable. La solución, si queremos conservar un sistema democrático, pasa obligatoriamente por formar a la población. Eso queda demostrado con principios matemáticos.** Y es por tanto lo que se debe exigir a los gobiernos actuales. A partir de ahí, todo es discutible y abierto a debate.

Existirán colectivos (sobre todos cercanos a la política) que rechazaran esta solución porque realmente sienta su monopolio amenazado, otros por espíritu destructivo y otros porque realmente y honestamente piensen que es ineficaz. En cualquier caso este libro marca el rumbo, da el primer paso y ofrece un camino abierto a debate. Que nadie espere que los problemas se arreglen solos. Si no nos preparamos nosotros o dejamos la elección a quien desee prepararse, seguiremos eligiendo sin conocer y dejando el timón en manos inexpertas lo que mantendrá el problema. Los hechos es que para una mejora del bienestar social, quien quiera elegir gobierno deberá prepararse antes y formarse, ya que lamentablemente el nivel de conocimiento sobre materia de gobierno de la sociedad actual está muy por debajo de lo que se requiere para hacer una valoración sensata de un gobierno potencial. Como lo hagamos, o si lo hacemos, depende de nosotros. Que se quiera formar a la sociedad desde la enseñanza obligatoria en educación elemental hasta el momento en que se pueda votar, o que se incluyan programas formativos subvencionados en las empresas, etc., las posibilidades son muchas. También es cierto que existen sociedades más preparadas políticamente que otras por diferentes razones lo que hace que su necesidad formativa sea menor. Estas sociedades son generalmente las que eligen mejores gobiernos simplemente los electores están más preparados.

La formación política como parte de la educación obligatoria, quizá sea aceptada de buena manera por la sociedad. Su problema es que llevará mucho tiempo obtener una gran masa social políticamente preparada. Y desgraciadamente no tenemos mucho tiempo, porque los problemas los tenemos hoy en día, y son graves.

La otra opción cortoplacista es cambiar de dirección y ofrecer los cursos voluntarios en los que quien decida formarse y pasar las pruebas podrá decidir por el bien de todos.

El libro propone una manera, que de nuevo, puede resultar más o menos factible pero es un punto de inflexión ante la dinámica política que sufrimos en la actualidad.

Si algún lector entiende como positivo este cambio explicado aquí, habrá valido la pena su publicación.

Bibliografía:

*Policy Paradox: The Art of Political Decision Making. Publisher: Norton. Edition: Revised Edition. **ISBN**: 0-393-*

97625-4. *Author: Deborah Stone Chapter, 1998*

Power, A radical view. *Author: Steven Luke, 1974 ASA* **Journal ISSN** *1825-7208 Vol. 6, no. 2pp. 87-95*

Government transparency: Six strategies for more open and participatory government. **Author:** *Jon Gant and Nicol Turner-Lee* **publisher:** *The Aspen Institute,* **ISBN:** *0-89843-542-0, 2011*

Decisions without Democracy. **Author:** *David Banisar People for the American way foundation, 2009*

Political Elites. **Author:** *Geraint Parry.* **Publisher:** *ECPR Press, 2005* **ISBN** *0954796608, 9780954796600, 152 pages*

The Spirit of Democracy: The Struggle to Build Free Societies Throughout the World. *Author: Larry Diamond* **Publisher:** *Times Books, 464 pages January 8, 2008 Publication no. 080507869X*

My life, Bill Clinton: Publisher: Knopf; 1st Edition (June 22, 2004) *ISBN-10: 0375414576, ISBN-13:* 978-0375414572

Decision Points, George W. Bush Publisher: Crown (November 9, 2010) *ISBN-10:* 0307590615, *ISBN-13:* 978-0307590619http://www.amazon.com/Decision-Points-George-W-Bush/dp/0307590615

A Journey: My Political Life, Publisher: Knopf; 1st edition (September 2, 2010) *ISBN-10:* 0307269833, *ISBN-13:* 978-0307269836

Image bite politics, News and the Visual Framing of Elections (Series in Political Psychology) *Author:* Maria Elizabeth Grabe, Erik Page Bucy, Publisher: Oxford University Press, USA; 1 edition (March 2, 2009) *ISBN-10:* 0195372077 Democracy

Democracy Defended (Contemporary Political Theory), *Author:* Gerry Mackie *Publisher:* Cambridge University Press (January 12, 2004), ISBN-10: 0521534313

Eyewitness to Power: The Essence of Leadership Nixon to Clinton. Author: Publisher: Simon & Schuster; 1st edition (September 25, 2001), *ISBN-10:* 0743203224, *ISBN-13:* 978-0743203227

Throw Them All Out: How Politicians and Their Friends Get Rich Off Insider Stock Tips, Land Deals, and Cronyism That Would Send the Rest of Us to Prison, Author Peter Schweizer, *Publisher:* Houghton Mifflin Harcourt (November 15, 2011), Page Numbers Source *ISBN:* 0547573146

The idea of Civil Society. Author: Adam B. Seligman *Publisher:* Princeton University Press | *ISBN:* 9780691010816 241 pp.1995.

Democracy and the possibility of a global public sphere, Author: Albrow M. and M.Glaisus

Funding Virtue: Civil Society Aid and Democracy Promotion: Authors Thomas Carothers, Marina Ottaway Washington, DC:

Carnegie Endowment for International Peace, 2000

Promoting Democracy: Is Exporting Revolution a Constructive Strategy?, Author Marc Beissinger (2006)

Democracy development and conflict. Author: P. Collier D. Rohner, **Publisher:** Journal of European Association 6 (200) 531-540

The Secret History of the American Empire: Economic Hit Men, Jackals, and the Truth about Global Corruption", Author: John Perkins **Publisher:** Dutton Adult; 1St Edition (June 5, 2007) **ISBN-13:** 978-0525950158

Confessions of an Economic Hit Man. Author: JohnPerkins http://www.amazon.com/Confessions-Economic-Hit-John-Perkins/dp/0452287081/ref=pd_sim_b_1 Reading level: Ages 18 and up, 303 pages, **Publisher:** Plume; First Thus edition

(December 27, 2005) **ISBN-10:**
0452287081, **ISBN-13:** *978-0452287082*

"The Republic" *(514a-516d)* ,**Author:**
Plato "The allegory of the cave"

**The Tyranny of the Two-Party System,
Author:** *Lisa Jane Disch, Columbia,*
Publisher *University Press, April, 2002*
ISBN: *978-0-231-11035-8*

**Good Governance, Democratic Societies
and Globalization, Author:** *S. Munshi, Paul
Abraham, Sage Publication, 2004, 368
pages ISBN: 9780761998488*

**In Pursuit : Of Happiness and Good
Government, Author:** *Charles Murray , 300
pages, Publisher: ICS Press Mayo 1994,*
ISBN-10: *1558152970* ' **ISBN-13:** *978-
1558152977*

**The New Corporate Governance in Theory
and Practice, Author:** *Stephen Bainbridge.*
Publication Date: **July 23, 2008** | *ISBN-10:*
0195337506 | *ISBN-13:* **978-0195337501**

Dollars and Democracy: A Blueprint for Campaign Finance Reform ,Author: Richard Briffault, Association of the Bar of the City of New York (Corporate Author) **Publisher:** Fordham University Press; 2 edition (January 1, 2000, **ISBN-10:** 0823220966 Publication Date: **January 1, 2000**

The Myth of the Rational Voter: Why Democracies Choose Bad Policies, Author: Bryan Caplan, **Publisher:** Princeton University Press (April 16, 2007) *ISBN-10:* 0691129428, *ISBN-13:* 978-0691129426

Media Control, Second Edition: The Spectacular Achievements of Propaganda (Open Media Series) , 64 pages *Publisher:* Seven Stories Press; 2 Sub edition (September 3, 2002) *ISBN-10:* 1583225366, *ISBN-13:* 978-1583225363

War guns and votes, **Author:** Paul Collier, **Publisher:** Harper Perennial (2009), 254 pages *ISBN:* 978-0-06-147964-9

Civil society. **Author:** *Michael Edwards,* **Publisher:** *Polity; Second edition (June 30, 2009), 192 pages* **ISBN-10:** *074564586,* **ISBN-13:** *978-0745645865*

Habits of the Heart: Individualism and Commitment in American Life. **Author** *Robert N. Bellah 376 pages,* **Publisher:** *University of California Press; Upd Sub edition (May 13, 1996)* **ISBN-10:** *0520205685*

All Politics is Local: And Other Rules of the Game. **Author:** *Tip O'Neil.* **Publisher:** *Adams Media Corporation (January 1995 190 pages),* **ISBN-10:** *1558504702* **ISBN-13:** *978-1558504707*

Right-Wing Populism in America: Too Close for Comfort. **Author:** *Chip Berlet,* http://www.amazon.com/Right-Wing-Populism-America-Close-Comfort/dp/1572305622 *499 pages* **Publisher:** *The Guilford Press; 1 edition*

(November 1, 2000) **ISBN-10:** *1572305622.* **ISBN-13:** *978-1572305625*

The End of Politics: Corporate Power and the Decline of the Public Sphere. **Author:** *Carl Boggs 310 pages,* **Publisher:** *The Guilford Press; 1 edition (September 17, 2001)* **ISBN-10:** *1572305045* **ISBN-13:** *978-1572305045*

*Everyday Politics: Reconnecting Citizens and Public Life . **Author:** Harry C. Boyte , 264 pages **Publisher:** University of Pennsylvania Press (May 12, 2005)* **ISBN-10:** *0812219317* **ISBN-13:** *978-0812219319*

Social Service and Social Change: A Process Guide, **Building Movement Project(2006)**
www.buildingmovementproject.org

Democracy as Discussion: Civic Education and the American Forum Movement (Lexington Studies in Political Communication). **Author:** *William M.*

*Keith*http://www.amazon.com/Democracy-Discussion-Education-Lexington-Communication/dp/0739115081/ref=pd_sim_b_5, *376 pages,* **Publisher:** *Lexington Books (September 26, 2007),* **ISBN-10:** *0739115081,* **ISBN-13:** *978-0739115084*

Confronting the Weakest Link: Aiding Political Parties in New Democracies.
Author: *Thomas Carothers*. http://www.amazon.com/Confronting-Weakest-Link-Political-Democracies/dp/0870032259

Publisher: *Carnegie Endowment for Intl Peace (November 1, 2006)* **ISBN-10:** *0870032259,* **ISBN-13:** *978-0870032257*

American Civil Society Talk. Author Jean L. Cohen, The Report *(Summer 1998)*

Habits of the Heart: Individualism and Commitment in American Life. Author: *Robert N. Bellah 376 pages,* **Publisher:** *University of California Press; Updated Sub* *edition (May 13, 1996)* **ISBN-10:** *0520205685*

From the Ground Up: Grassroots Organizations Making Social Change. Author: Chetkovich, *Frances Kunreuther* **Publisher**: *ILR Press; 1 edition (November 16, 2006)*, **ISBN-10:** *0801472644*, **ISBN-13:** *978-0801472640*

Communication Rights in the Information Society: (2002) *The CRIS campaign Issue paper 4.*

An Online Environment for Democratic Deliberation: Motivations, Principles, and Design. Author: *Todd Davies, Stamford University chapter 25*

Diminished Democracy: From Membership to Management in American Civic Life. Author: *Skocpol, T 2003* **Publisher**: *University of Oklahoma Press.*

Deliberative Global Politics: Discourse and Democracy in a Divided World (Key

Concepts) , **Author:** *John S. Dryzek*http://www.amazon.com/Deliberative-Global-Politics-Discourse-Democracy/dp/0745634133 , **Publisher:** *Polity; 1 edition (October 30, 2006)* **ISBN-10:** *0745634133,* **ISBN-13:** *978-0745634135.*

Political knowledge, political engagement, and civic education. **Author:** *Galston WA* **Publisher:** *Annual review of political Science 4: 217-234, 2001*

Pragmatism, Democracy, and the Necessity of Rhetoric (Studies in rhetoric/communication. **Author:** *Robert Danisch.*http://www.amazon.com/Pragmatism-Democracy-Necessity-Rhetoric-Communication/dp/157003690X/ref=pd_sim_b_2 **Publisher:** *Univ of South Carolina Pr (July 30, 2007),* **ISBN-10:** *157003690X,* **ISBN-13:** *978-1570036903*

How Social Movements Matter. Author: *Marco Giugni. 336 pages,* **Publisher:** *Univ Of Minnesota Press; 1 edition (August 1,*

*1999) **ISBN-10:** 0816629153 , **ISBN-13:** 978-0816629152*

***Social Movements for Global Democracy (Themes in Global Social Change).** Author: Jackie Smith*http://www.amazon.com/Social-Movements-Global-Democracy-Themes/dp/0801887445/ref=pd_sim_b_2, *304 pages **Publisher:** The Johns Hopkins University Press (December 31, 2007)* **ISBN-10:** 0801887445 **ISBN-13:** 978-0801887444

***Depoliticizing Development: The World Bank and Social Capital (Anthem Studies in Development and Globalization).** Author: John Harriss **Publisher:** Anthem Press; First Edition, First edition (July 2002). **ISBN-10:** 184331049X. **ISBN-13:** 978-1843310495*

***Associative Democracy: New Forms of Economic and Social Governance. Author** Paul Hirst. **Publisher:** University of Massachusetts Press, 1994 232 pages.*

ISBN-10: 074560952X *ISBN-13:* 978-0745609522

Democracy in Dark Times. Author: *Jeffrey C. Isaac*http://www.amazon.com/Democracy-Dark-Times-Jeffrey-Isaac/dp/0801484545 , *250 pages* **Publisher:** *Cornell University Press; First Edition (March 1, 1998)* **ISBN-10:** *0801484545,* **ISBN-13:** *978-0801484544*

The Democracy Makers: Human Rights and the Politics of Global Order. Author: *Nicolas Guilhot*http://www.amazon.com/The-Democracy-Makers-Rights-Politics/dp/0231131240/ref=pd_sim_b_2 , *288 pages.* **Publisher:** *Columbia University Press (April 6, 2005)* **ISBN-10:** *0231131240* **ISBN-13:** *978-0231131247*

Politics in Dark Times: Encounters with Hannah Arendt. Author: *Seyla Benhabib, 408 pages.* **Publisher:** *Cambridge University Press; 1 edition (October 25, 2010)* **ISBN-**

10: 052112722X *ISBN-13:* 978-0521127226

Democracy is a discussion: civic engagement in old and new democracies : the handbook, Author: Sondra Myers, Toor Cummings Center for International Studies and the Liberal Arts, Connecticut College, 1996 University of Pennsylvania, 59 pages.

Strong Democracy: Participatory Politics for a New Age, Author: Benjamin R. Barberhttp://books.google.es/books?id=2Yb evnCXAhgC&hl=es&sitesec=reviews. *Publisher:* University of California Press, 01/02/2004 - 356 pages

Inclusion and Democracy, Author: Iris Marion Published by: *Young* Oxford University Press, USA, 20/06/2002 - 320 páginas

The Democratic Paradox. Author: James Tully. *Published by* Political Theory, Vol. 30, No. 6, 862-864. Dec., 2002.

New Paths to Democratic Development in Latin America: The Rise of NGO-Municipal Collaboration, Author: Charles A. Reilly **Publisher:** Lynne Rienner Publishers, Inc. **ISBN-13:** *9781555875572 , 3/28/1995, Pages: 376*

Power to the People: the report of Power, an independent Inquiry into Britain's Democracy, Author: Isobel White, 14 March 2006, Parliament and Constitution Centre

The "global associational revolution" Author: Lester M. Salamon, et. al. Global Civil Society: Dimensions of the Nonprofit Sector

Democratizing the Global Economy: The Battle Against the World Bank and the IMF Author: Kevin Danaher, 200 pages **Publisher:** Common Courage Press (May 1, 2001) **ISBN-10:** 1567512089, **ISBN-13:** 978-1567512083

Political parties and global democracy.
Author: Scholte, Jan Aart (2006) Working Paper. University of Warwick. Centre for the Study of Globalisation and Regionalisation, Coventry.

Dialogues on Party Systems and Global Democratisation, Author: Katarina Sehm-Patomäki, 2006 *Publisher:* 2006 NIGD, Network Institute for Global Democratization. ISSN: 1458-7815, *ISBN-13:* 952-5455-06-8 *ISBN-10:* 978-952-5455-06-9

Diminished Democracy: From Membership to Management in American Civic Life (Julian J. Rothbaum Distinguished Lecture Series), Author: Theda Skocpol*http://www.amazon.com/Diminished-Democracy-Membership-Management-Distinguished/dp/0806136278 , *384 pages Publisher:* University of Oklahoma Press (March 15, 2004),
ISBN-10: 0806136278 , *ISBN-13:* 978-0806136271

Politics and Economic Policy in the United States, Author: Jeffrey Cohen, 384 pages, *Publisher:* Wadsworth Publishing; 2 edition (November 19, 1999) • *ISBN-10:* 0395961106 • *ISBN-13:* 978-0395961100

Unequal Democracy: The Political Economy of the New Gilded Age Author: Larry M. Bartelshttp://www.amazon.com/Unequal-Democracy-Political-Economy-Gilded/dp/0691146233/ref=pd_sim_b_3, *344 pages Publisher:* Princeton University Press (February 22, 2010), *ISBN-10:* 0691146233 *ISBN-13:* 978-0691146232

Symposium : Envisioning a More Democratic Global System: Sponsored by , *Widener University School of Law. Partially supported by a grant from the Rockefeller Brothers Fund and co-sponsored by The American Society of International Law.*

Debating Democracy: A Reader in American Politics, Author: Bruce Miroffhttp://www.amazon.com/Debating-

Democracy-Reader-American-Politics/dp/0495913472/ref=pd_sim_b_5, *368 pages,* **Publisher:** *Wadsworth Publishing; 7 edition (January 1, 2011)* **ISBN-10:** *0495913472* **ISBN-13:** *978-0495913474*

The Government and Politics of France, **Author:** *Andrew Knapp, 560 pages ,* **Publisher:** *Routledge; 5 edition (May 27, 2006)* **ISBN-10:** *0415357322 ,* **ISBN-13:** *978-0415357326*

Government, Markets and Vocational Qualifications: An Anatomy of Policy **Authors:** *Steve Williams, Raggat* **ISBN:** *0750709162,* **Editor:** *Taylor & Francis 16 de Marzo de 2007*

Dr. Alberto Arteta es licenciado en Ciencias Matemáticas por la Universidad Complutense de Madrid y Doctor en Inteligencia Artificial por la Universidad Politécnica de Madrid. Es profesor universitario de la Universidad Politécnica de Madrid desde 2007. Ha publicado numerosos artículos en revistas científicas y siempre ha presentado especial interés por cuestiones de índole social y político. En su obra ha tratado de aplicar métodos axiomáticos para crear un modelo que ajuste al modelo político existente y de esta manera probar enunciados y propiedades en la vida cotidiana a partir de principios matemáticos. En este libro, en particular se apoya en teoría de números para establecer problemas que sufren los gobiernos actuales. Con un razonamiento basado en axiomas, funciones y otras obras de expertos politólogos, es capaz de modelizar el problema democrático social y por ende, encontrar una solución óptima a la resolución de los problemas que sufre la masa social debido a unos gobiernos ineficaces. Ha seguido muy de cerca la evolución política de los países desarrollados y ha analizado el proceso de creación de quistes en política. Su libro expresa claramente el problema social que vive el mundo por un sistema que esconde fallos en el que impera una necesidad de mejora.

La fuerza para escribir el libro ha sido las constantes declaraciones de los gobernantes del mundo para justificar acciones públicas destructivas que en muchos casos escondían intereses privados. . De esta manera el autor analiza en detalle los intereses políticos en una sociedad guiada por una pseudodemocracia enaltecida por la clase política, y ofrece una solución simple para un inicio a la mejora de la democracia actual existente.

www.ingramcontent.com/pod-product-compliance
Lightning Source LLC
Chambersburg PA
CBHW070626290526
45790CB00001B/3